Dat zijn nou Typisch ITALIANEN

Martin Solly

D1731787

Uitgeverij Krikke c.s.

Uitgeverij Krikke c.s.
Pieterskerkhof 38
2311 ST Leiden

Originele titel: The Xenophobe's Guide to the Italians

Vertaling: Enno van der Eerden
Eindredactie: Anne Tauté / Michiel Haans

Omslagontwerp: Jim Wire

Druk: Koninklijke Wöhrmann, Zutphen

INHOUD

Er zijn 57 miljoen Italianen (en 7 miljoen Zwitsers, 7,75 miljoen Oostenrijkers, 10 miljoen Grieken, 48 miljoen Engelsen, 57 miljoen Fransen, 80 miljoen Duitsers, 256 miljoen Amerikanen en 15 miljoen Nederlanders).

Italië is zeven keer zo groot als Denemarken en drie keer zo groot als Oostenrijk, maar bijna twee maal zo klein als Frankrijk.

NATIONALISME EN IDENTITEIT

Een volk zonder identiteit

De Italianen vormen niet één volk, maar zijn een verzameling van volken. Ze zien zichzelf en elkaar in de eerste plaats als Romeinen, Milanezen, Sicilianen of Florentijnen en pas daarna als Italianen. Afgezien van de *autostrada*, het spoorwegnet en de katholieke Kerk is er eigenlijk maar weinig dat Turijn en Bari of Napels en Triëst met elkaar verbindt.

De regio's van Italië verschillen sterk van elkaar, maar het streekgebonden chauvinisme is zeer verklaarbaar als je bedenkt dat Italië als natie pas sinds 1861 bestaat. Voor die tijd was het Italiaanse schiereiland opgedeeld in allerlei onafhankelijke staten. Het eenwordingsproces ging gepaard met een hoop geografisch en politiek pas- en meetwerk en de verantwoordelijke politici uit die tijd waren zich terdege bewust van de opdoemende problemen. Cavour, het brein achter dit proces, deed ooit de uitspraak: "Italië hebben we eindelijk gecreëerd, nu nog de Italianen." Als hij nu nog zou leven, zou hij daar nog steeds mee bezig zijn.

Zo af en toe proberen de Italianen zich als één volk te gedragen en doen ze hun uiterste best om nationalistisch te zijn, bijvoorbeeld als het nationale voetbalteam uitstekend presteert op het wereldkampioenschap of Alberto Tomba zijn tiende achtereenvolgende skitrofee heeft gewonnen. Maar meestal voelen de Italianen zich pas Italiaan als ze uitgeweken zijn naar het buitenland: in een ijssalon in Melbourne, diep in een Belgische mijnschacht of tijdens een voetbalwedstrijd in de Verenigde Staten.

De positieve kant ervan is dat de Italianen door het ontbreken van sterke nationalistische gevoelens alert zijn op agressief en oorlogszuchtig patriottisme. In de wetenschap dat de meeste conflicten opgelost kunnen worden door een combinatie van compromissen, concessies en steekpenningen, zullen de Italianen altijd hun best doen om een confrontatie uit de weg te gaan.

Iedere buitenlandse mogendheid die overweegt Italië binnen te vallen doet er goed aan eerst een offerte uit te brengen alvorens nodeloos levens te verspillen. Als het bod serieus is, dan is het niet ondenkbaar dat de Italianen besluiten om hun land te verkopen.

Campanilismo

Italianen hechten veel waarde aan een eigen identiteit. Ze zijn ietwat onzeker over hun Italiaan-zijn en weten niet precies wat hun nationale identiteit eigenlijk inhoudt. Misschien dat ze daarom zo sterk hechten aan hun wortels. "Waar kom je vandaan?" is een belangrijke vraag voor de Italianen en men verwacht een duidelijk antwoord. In tegenstelling tot de Engelsen of de Amerikanen verliezen de Italianen zich niet in ingewikkelde levensverhalen over waar ze geboren zijn, waar ze allemaal naartoe verhuisd zijn en waar ze nu wonen.

De Italianen weten precies waar ze vandaan komen en zullen die plaats hun hele leven lang blijven koesteren als een dierbaar bezit. Iemand die geboren is in San Giorgio in Puglia, maar nu in Turijn woont zal zichzelf altijd *il Pugliese* blijven noemen en zo zal hij ook door anderen worden aangeduid. Hij zal zich anders gedragen dan de Turijnen - en men verwacht dat ook van hem. Zijn band met San Giorgio zal zijn hele leven blijven bestaan, zelfs als hij de stad al dertig jaar geleden heeft verlaten en er maar één keer per jaar terugkomt voor een bezoek aan een verre neef. Hij zal het altijd als zijn plicht beschouwen om iemand die afkomstig is uit San Giorgio te hulp te schieten. Evenzo verwacht men van succesvolle zakenmensen en politici dat ze oog hebben voor hun plaats van herkomst en er geld investeren om werkgelegenheid te scheppen voor de burgers.

Vertellen waar je vandaan komt houdt nauw verband met het Italiaanse sleutelbegrip *campanilismo*, dat letterlijk betekent 'loyaliteit tegenover je eigen klokketoren'. In de praktijk komt het erop neer dat jouw dorp of stadje het mooiste ter wereld is.

Italianen hebben zich altijd al diep verbonden gevoeld met hun geboortegrond en het moeilijk gevonden er te moeten vertrekken.

Deze gevoelens van trots zijn tegelijkertijd ook aanleiding voor een heftige concurrentiestrijd die vooral hevig is tussen aangrenzende dorpjes, stadjes, provincies en regio's. De rivaliteit loopt dikwijls zo hoog op dat de Italianen weinig tijd over houden voor iets anders. Want ze weten dat de anderen en dan met name de Italianen uit andere families, dorpjes, stadjes of regio's onbetrouwbaar en onvoorspelbaar zijn. Italië zou een prachtig land zijn als al *gli altri* - 'die andere' Italianen - er niet zouden zijn.

Hoe anderen hen zien

Het stereotiepe beeld van de Italianen is dat van een luidruchtig, gepassioneerd, sluw Mediterraan volk dat zijn talenten en creativiteit helaas laat ontsieren door luiheid en onbetrouwbaarheid. Iedereen weet dat de Italianen in een mooi land wonen dat rijk is aan kunstschatten. Ze worden gezien als een opgewekt en vrolijk gestemd volk met een groot gevoel voor design, mode en eten. Het is bekend dat ze prachtig kunnen zingen en koken, dat ze vreselijk slecht zijn in het organiseren en dat ze niet in een rij kunnen staan. Italiaanse mannen hebben naar achteren gekamd en ingevet haar, slanke heupen en zijn hartstochtelijk minnaars. Italiaanse vrouwen zijn ongelooflijk aantrekkelijk totdat ze trouwen, want dan veranderen ze ineens in kleine, dikke, zware mamma's.

Veel Italo-Amerikanen verkeren nog altijd in de veronderstelling dat Italië niet veranderd is sinds hun over-grootouders het land rond de eeuwwisseling verlieten. Als ze dan uiteindelijk naar Italië komen op zoek naar hun wortels en hun neven en nichten ontmoeten, zijn ze verbaasd dat de gezinnen niet allemaal arm zijn, tien kinderen hebben en in één ruimte leven die ze moeten delen met een ezel en een straathond; dat niet alle vrouwen in het zwart gekleed gaan en op het land werken of dat de mannen niet allemaal petten dragen en de hele dag in een café zitten. Ze komen tot de ontdekking dat Italië in feite een van de meest ontwikkelde landen ter wereld is, waar de meeste gezinnen minstens twee auto's hebben en in huizen wonen met niet alleen stromend water en elektriciteit, maar ook televisies, videorecorders, draagbare telefoons en bidets met verstelbare waterstralen.

Speciale banden

Als gevolg van de enorme emigratie uit Italië aan het eind van de negentiende en het begin van de twintigste eeuw bestaan er omvangrijke Italiaanse gemeenschappen in de Verenigde Staten, Argentinië, Uruguay en Australië. Er zijn ongeveer twintig miljoen Amerikanen met een Italiaanse achternaam. Maar Italo-Amerikanen, Italo-Argentijnen en al die andere Italo's worden alleen maar als 'Italianen' (in plaats van Amerikanen of Argentijnen) betiteld als ze rijk en succesvol zijn. Vandaar dat Frank Sinatra, Robert De Niro, Francis Ford Coppola en Sylvester Stallone door de Italianen als landgenoten worden beschouwd en niet als Amerikanen. Een dergelijke hartelijke omhelzing heeft soms ook haar nadelen - in de rechtzalen van Napels worden nog altijd verwoede vaderschapsprocessen gevoerd tegen de Italo-Argentijn Diego Maradona, hoewel die al jaren geleden teruggekeerd is naar zijn geboorteland Argentinië.

Italianen en toeristen

De Italianen zijn dol op buitenlanders, vooral als ze rijk zijn. De Oostenrijkers, de Zwitsers en vooral de Duitsers hebben altijd hun hart op kunnen halen aan het Italiaanse klimaat, de cultuur, de stranden en de manier van leven. Voor hen is Italië één grote speeltuin. Al in de dagen van het Romeinse Rijk trokken de

Gothen over de Alpen om hier de bloemetjes buiten te zetten. Eeuwenlang hebben de Italianen hen getolereerd. Dat doen ze nog altijd met alle plezier zolang die zes miljoen bezoekers die tegenwoordig ieder jaar in Italië handenvol geld komen uitgeven na verloop van tijd wel weer noordwaarts trekken.

De Fransen vormen een uitzondering op de hartelijkheid jegens buitenlanders; zij zijn in de ogen van de Italianen arrogant en overdreven zelfingenomen. Men vindt dat ze neerkijken op hun buren aan de andere kant van de Alpen en dat kan de Italianen mateloos irriteren. Maar de grootste, onvergeeflijke zonde van de Fransen is wel dat ze met hun inferieure wijn, die geen enkele normale Italiaan ooit zou kopen, de wereldmarkt hebben veroverd.

De verhouding tussen de Engelsen en de Italianen is ingewikkelder en waarschijnlijk meer gebaseerd op een wederzijdse aantrekkingskracht tussen tegengestelde polen. De Engelsen zijn dol op de hevigheid van de geuren, de geluiden, de kleuren, de passies en de chaos in Italië, terwijl de Italianen gefascineerd worden door de kalmte en de ordelijkheid van de Engelsen.

De Italianen weten dat in het buitenland alles beter functioneert. Maar ze weten ook dat als het om de wezenlijke zaken gaat, de buitenlanders minder rijk zijn dan zij. Die leven immers niet in een mooi land met een overvloed aan zon. Bovendien eten, drinken en kleden ze zich slecht. Dit alles verklaart misschien waarom men in het buitenland altijd zijn oog heeft laten vallen op Italië en een meer dan normale belangstelling aan de dag heeft gelegd voor de *bel paese*.

In de meeste gevallen heeft het de Italianen veel tijd (soms zelfs eeuwen) gekost om al die buitenlandse indringers (Duitsers, Fransen, Spanjaarden, Oostenrijkers, Noormannen, Arabieren) uit hun land te verdrijven. De Italianen hebben een diepgewortelde huiver ontwikkeld voor overheersing van buitenaf. Het werd alleen getolereerd als ze er zelf beter van werden. Een bekend gezegde in het Romeinse dialect luidt: *Franza o Spagna, purché se magna* ("Frankrijk of Spanje, dat is om het even zolang we maar te eten hebben").

Nieuwsgierig als ze zijn worden de Italianen gefascineerd door buitenlanders met hun barbaarse gewoonten en leefwijze. Ze mogen graag lezen en verhalen aanhoren over andere volken of naar het buitenland op vakantie gaan. Want dit bevestigt hen in wat ze al wisten, namelijk dat ze in het mooiste land ter we-reld wonen, zeker waar het de essentiële zaken in het leven betreft zoals zon, drank, eten en voetbal.

Hoewel andere landen misschien machtiger en beter georganiseerd zijn, de Italianen zijn er diep in hun hart van overtuigd dat de rest van de wereld zich in feite precies zo gedraagt als zij en net zo corrupt is. Het verschil is alleen dat de rest soms wat slimmer is en zich niet laat betrappen.

Italianen en immigranten

Immigratie van buitenlanders is een betrekkelijk nieuw fenomeen in Italië. Van oudsher werd het woord 'immigrant' gebruikt voor landgenoten die van de ene streek naar de andere verhuisden. Maar sinds het einde van de jaren tachtig hebben zich steeds meer vreemdelingen in Italië gevestigd, met name uit Albanië, Oost-Europa, Senegal en Noord-Afrika.

De Italiaanse houding ten opzichte van volken uit Zuid-Europa en Noord-Afrika bestaat uit een mengeling van solidariteit en minachting. Ze vinden het wel leuk dat die mensen een andere huidskleur hebben en worden geboeid door hun vreemde gewoonten. Maar ze stellen het vooral op prijs dat deze immigranten het werk verrichten dat zij anders hadden moeten doen. Ze zijn het eens met de boodschap die in de met een Oscar bekroonde Italiaanse film *Mediterraneo* wordt verkondigd, dat alle volken rond de Middellandse Zee *una faccia, una razza* (hetzelfde gezicht en hetzelfde ras) hebben. Toch willen ze niet over een kam geschoren worden met arme Albanezen of Noordafrikanen, die hen bij het stoplicht aanbieden hun vooruit te wassen, want hun zonnige kijk op het leven zou wel eens bezoedeld kunnen raken.

Hoe ze zichzelf zien

De Italianen vinden zichzelf gepassioneerd en charmant en spelen die rol graag met het oog op de buitenlanders.

Ze weten dat ze bevoorrecht zijn dat ze in Italië wonen, maar ze doen hun uiterste best om zich te ontdoen van het hinderlijke idee dat ze het stiefkindje van Europa zijn. De Italianen vinden het onbegrijpelijk dat bepaalde landen aarzelen om op te gaan in de Europese Unie. Zelf zouden ze het liefst het bestuur van hun land uit willen besteden aan Brussel.

Uit een onbedoeld masochisme genieten de Italianen er oprecht van als hun tekortkomingen op henzelf terugslaan. Het bevestigt hen in hun diepgeworteld gevoel dat veel landgenoten nog niet toe zijn aan de hoge eisen die de westerse wereld aan betrouwbaarheid stelt.

Maar hoe serieus de kritiek van het Westen ook is, consequenties worden er niet aan verbonden. De Italianen vinden niet nodig om hun manieren te veranderen. Enerzijds zijn ze bang dat het toch al een verloren zaak is. Anderzijds volstaat het om van tijd tot tijd de lire te devalueren en zo de toeristen met hun dik gevulde portefeuilles naar de *bel paese* te lokken. Hoe het ook zij, buitenlanders schijnen de Italianen aardig en amusant te vinden, of in elk geval acceptabel, dus zo slecht kan het nu ook weer niet zijn.

Noord en Zuid

De Italianen vereenvoudigen hun onderlinge verschillen vaak tot een simpele Noord-Zuid-deling.

De noordelijke Italiaan ziet de zuiderling als een corrupte, half-Arabische boer die de mafia tolereert en van het geld leeft dat door de hard werkende noorderlingen wordt opgebracht. De zuidelijke Italiaan ziet de noorderling als een half-opgeleide, half-Oostenrijkse of half-Franse ongewassen boer die toevallig in het rijkste deel van het land is geboren en die van het geld leeft dat wordt opgebracht door de zuiderlingen die voor hem in zijn fabrieken of op zijn land werken.

Hoewel beide typeringen nogal overdreven zijn, zijn er genoeg Italianen die er waarde aan hechten. Hiervan getuigt de sterke positie van de Lega Nord binnen de Italiaanse politiek, een partij die een federalisme bepleit dat min of meer neerkomt op afscheiding.

De verschillen in eetgewoontes, gebruiken en taal tussen de twee gebieden zijn zo groot dat het onderscheid tussen Noord en Zuid voortdurend wordt bevestigd. Zuiditaliaanse gerechten worden bereid op basis van pasta en olijfolie, Noorditaliaanse op basis van maïs, rijst en boter. En de taalverschillen zijn zo groot dat in 1995 de in Zuid-Italië gemaakte film *L'amore Molesto* gesynchroniseerd moest worden voor de Noorditaliaanse markt.

Het gevaar bestaat dat de noorderlingen alles wat in hun ogen niet goed is in Italië of wat hen in de volksaard niet bevalt, op het conto van de zuiderlingen schrijven. Zo betitelen ze de corruptie die de Italiaanse politiek ondermijnt bijvoorbeeld als een 'zuidelijke kwaal', waarbij ze zorgvuldig voorbijgaan aan het feit dat het laatste grote smeergeld- en corruptieschandaal, *tangentopoli*, geconcentreerd was in de Noorditaliaanse stad Milaan.

De extremisten van de Lega Nord en de zuiderlingen die met een vlag van de confederatie op hun auto rondrijden verergeren de problemen alleen maar: beiden vergeten gemakshalve dat als alle zuiderlingen naar huis zouden gaan, Zuid-Italië zonder de economische steun van de noorderlingen zou komen te zitten en Noord-Italië zonder kappers.

Een waarschuwing vooraf

Italië is een land van tegenstellingen. Het is het land van de katholieke Kerk, maar ook van de mafia. Het is het meest trouwe Europa-gezinde land binnen de EU, maar een van de onbetrouwbaarste waar het de uitvoering van de EU-richtlijnen betreft. Het bezit enkele van de meest geavanceerde bouwkundige constructies ter wereld, maar ook enkele van de meest verouderde gas- en waterleidingsystemen. Het is een land met een enorme rijkdom en met extreme armoede.

Zoals een Amerikaanse ambassadeur verkondigde na afloop van zijn ambtstermijn in Rome: "Italië is een zeer arm land waar een hoop zeer rijke mensen wonen." Deze opvatting blijkt ondersteund te worden door de statistieken: in 1992 verklaarde de Europese Unie dat Lombardije de rijkste regio binnen de Unie was. Maar de Italianen afficheren zichzelf graag als arm en denken dat de bevolking van alle noordelijker gelegen landen veel rijker is dan zij, maar er beter in slaagt die rijkdom te verbergen.

KARAKTER

Op het podium

De Italianen zijn geweldige acteurs en hun leven heeft vaak nog het meeste weg van één groot toneelstuk. Voor het merendeel speelt het leven van de Italianen zich in het openbaar af, alsof ze op een podium staan. Allemaal kennen ze het belang van *bella figura* (een goed figuur slaan). Of ze nu aan het winkelen zijn in de supermarkt of als mannequin kleding showen; of ze nu op een kantoor werken of het verkeer aan het regelen zijn; of ze nu serveren in een restaurant of naar de dokter gaan, de Italianen weten precies hoe belangrijk het is om je rol te spelen en je er ook mee te vereenzelvigen. Als kind al leren ze hoe ze moeten acteren en daar gaan ze hun hele leven mee door.

Omdat het alledaagse Italiaanse leven zich afspeelt op een podium, maakt het Italiaanse theater vaak een overdreven indruk. Dat moet ook wel, om het te onderscheiden van de dramatiek van het echte leven.

Kleren maken de man

Italianen besteden altijd de grootste zorg aan de juiste kleding voor de juiste gelegenheid. Het is nooit een vrijblijvende keuze - het is belangrijk om passende kleding te dragen voor de rol die je speelt. De stationschef moet er uitzien als een stationschef en dus gehuld zijn in zijn uniform. Hij dient zijn rolprent ook naar behoren te spelen want hij vertolkt de hoofdrol in de verfilming van zijn eigen leven. Daarom is de stijl zo belangrijk. De taxichauffeur, de leraar, de arts, de jurist, de ingenieur, allemaal behoren ze zich te kleden, te gedragen en zich voor te doen als taxichauffeur, leraar, arts, jurist of ingenieur.

Essentieel voor het *bella figura* is dat je je niet druk maakt - en ook niet die indruk wekt, of je nu op het strand bent, in een disco of gewoon op je werk. Dit verklaart waarom Italianen vaak zo tevreden zijn met banen die ogenschijnlijk nogal saai zijn zoals strandwacht of beveiligingsbeambte. Het geeft hen de mogelijkheid om de hele tijd op een podium te staan. Terwijl ze daar op het strand belangrijk lopen te doen of in een bankgebouw rondlopen als ware revolverhelden kan iedereen vaststellen hoe goed ze eruit zien en hoe weinig druk ze zich maken. Het doet er niet toe dat het in de winter op het strand niet zo prettig is of dat het uiterst onaangenaam is voor de beveiligingsbeambte als hij zijn wapen moet gebruiken. Zo lang men zich maar kan vereenzelvigen met zijn rol.

Nergens is dit beter te zien dan in de sport. Het maakt niet uit dat je niet zo goed kunt zwemmen als je je opgeeft voor een duikcursus. Als je maar de juiste kleding, uitrusting en stijl hebt en je er uitziet en je gedraagt als een echte duiker. Vandaar dat de laatste mode zo belangrijk is, want die draagt alleen maar bij tot je hele optreden. Vele Italiaanse zolders en kelders hangen vol met sportkleren en -uitrustingen waar veel geld voor is neergeteld, maar die opgeborgen zijn omdat ze uit de mode zijn of omdat de betreffende persoon zich op een andere hobby heeft gestort. Men begint vaak aan een sport vanwege het uiterlijk vertoon. Langlaufen werd populair nadat de huidstrakke Lycra skipakken ontworpen waren. Dat was voldoende om voor enkele uren de vrieskou en de fysieke ontberingen van deze vermoeiende sport te trotseren teneinde naderhand met goed fatsoen in een bar te kunnen verschijnen. Bovendien scheen het ook nog goed te zijn voor je gezondheid.

De Italianen houden nauwlettend in de gaten hoe anderen zich kleden, met name buitenlanders van wie algemeen wordt aangenomen dat ze daar geen gevoel voor hebben. Tijdens de Tweede Wereldoorlog was het voor de Engelse krijgsgevangenen die uit hun gevangenkampen waren ontsnapt veel moeilijker om in Italië te reizen dan in andere Europese landen. Met de kostuums en kleren die ze van hun uniformen, lakens en dekens hadden gemaakt wisten ze meestal wel de Duitsers om te tuin te leiden, maar zelden de Italianen.

Allegria

Allegria is een onbepaald gevoel van levendigheid en levenslust dat moeilijk te doorgronden is voor een buitenstaander. Het heeft te maken met plezier in het leven en houdt meestal verband met zon, gezelschap en algehele opwinding. Vandaar dat de Italianen in gezelschap zo vaak een vrolijke en stralende indruk maken.

Allegria werkt aanstekelijk en het getuigt van slechte manieren als je eraan onttrekt. Iedereen die aanwezig is bij een grote familiepicknick in de bergen zal zich op uitbundige wijze overgeven aan allegria. Iedereen brult van het lachen om oom Gianni's imitatie van tante Rita die per ongeluk op een cactus is gaan zitten, ook al hebben ze het verhaal al talloze malen gehoord.

Het tegengestelde van *allegria* is een diepe sombere neerslachtigheid. Buitenlanders merken hier meestal weinig van, want het is vaak het resultaat van het grauwe, koude herfstweer dat samenvalt met de gebruikelijke prijs- en belastingstijgingen. Maar over het algemeen richten de Italianen zich op de vrolijke kant van het leven – een positieve houding die treffend verwoord wordt in de roerende wijze waarop men vaak elkaar het beste toewenst: "Dat de ergste dagen in de toekomst de gelukkigste dagen in je verleden mogen zijn."

Status en succes

Italianen zijn absoluut geen pretentieus volk. Het enige echte onderscheid dat ze maken is gebaseerd op rijkdom. Degenen die geld hebben, zelfs al is het maar even, mogen het uitgeven en er mee pronken waar en hoe ze maar willen. Zo lang ze genoeg hebben zullen ze als vorsten worden behandeld.

Het enige wat onder de Italiaanse mannen meer tot de verbeelding spreekt dan de droom om een topvoetballer te worden is het in bezit hebben van een vooraanstaande voetbalclub. Zakelijk gezien levert het niet veel op, dat weet iedereen, maar om je image op te krikken is het onovertroffen. Het is geen toeval dat de Agnelli-familie (bekend van Fiat) aan het roer staat van Juventus uit Turijn. Voor Silvio Berlusconi, de meest ambitieuze parvenu van zijn generatie, was het niet voldoende om belangrijke medianetwerken te bezitten; in de ogen van de Italianen had hij pas echt succes nadat hij AC Milan had opgekocht.

GEDRAG

De kunst om zich ergens uit te redden

Italianen zijn ware meesters in het *arrangiarsi* (zich ergens uit redden). Thuis en in het buitenland hebben ze altijd bekend gestaan om hun vermogen overal het beste van te maken. Dat komt omdat de Italianen er maar al te vaak toe gedwongen werden, en nog altijd moeten ze zich soms in eigen land uit netelige situaties zien te redden.

Als het verkeer bijvoorbeeld wordt opgehouden door twee automobilisten die in een lang gesprek verwikkeld zijn omdat ze elkaar sinds gisteren niet meer hebben gezien, zullen degenen in de file van de gelegenheid gebruik maken eens flink te schelden en op de claxon te drukken of, wat ook kan, ze pakken een krant, plegen een telefoontje of knappen zich in de tussentijd even op in de achteruitkijkspiegel.

Toen door een combinatie van bestuurlijke blunders en ambtelijke corruptie Italië in de jaren zeventig te kampen had met een tekort aan muntgeld, haalden de Italianen alleen maar hun schouders op en gebruikten ze in plaats daarvan snoepjes.

Cadeautjes geven

De Italianen zijn een genereus volk, maar je moet voorzichtig zijn met hun generositeit, want in Italië geven weinig mensen elkaar een cadeautje zonder bijbedoelingen. Macht binnen de Italiaanse samenleving is gebaseerd op een systeem van giften en gunsten. Zodra iemand een cadeau accepteert, is hij de schenker een wederdienst schuldig en een overeenkomst voor de rest van zijn leven aangegaan. Dus als een Italiaan iemand een lift aanbiedt naar het station of hem het telefoonnummer geeft van een goede oogarts, verwacht hij vroeg of laat iets terug.

Autorijden

Autorijden is een bezigheid waarin de Italiaanse man pas goed tot zijn recht komt en waarin hij zich voor zijn gevoel het beste kan uiten. Vraag hem wat hij verstaat onder een goede chauffeur of een prachtige weg en hij zal werkelijk lyrisch worden. Hij zal je vertellen dat een goede chauffeur iemand is die met hoge snelheid van A naar B rijdt, zich bekommert om het optimale rijplezier en het comfort van zijn passagiers, niet te vaak op de rem trapt, niet over oneffenheden in de weg rijdt maar er omheen slalomt en dus het liefst scheurt als een Formule 1 coureur uit de stal van Ferrari. Een prachtige weg is breed met vloeiende bochten waar je op topsnelheid door heen kunt zeilen en heeft geen oneffenheden waardoor je heen en weer geschud wordt. Kortom: de ideale weg is een racecircuit. Een mooi, smal weggetje dat zich door de bergen kronkelt valt niet onder de definitie van een prachtige weg.

Iemand die een nieuwe Alfa Romeo koopt krijgt in de handleiding aanbevelingen over het hoogste rendement en de langste levensduur van de wagen: het beste is om niet te dicht op andere auto's te rijden, niet te accelereren en abrupt te remmen tussen twee stoplichten, niet met hoge snelheid een bocht te nemen etcetera. Met andere woorden, het is het beste om niet te rijden als een Italiaan.

Mensen van het platteland die zich met hun auto in de stad wagen moeten twee basisregels in hun hoofd prenten: ten eerste dat voertuigen met nummerplaten uit een andere streek worden behandeld als loslopend wild, zowel door de plaatselijke automobilisten als door de politie, en ten tweede dat de politie de verkeersregels naar geheel eigen inzicht interpreteert. Over Napels wordt wel gezegd dat daar maar twee soorten verkeerslichten bestaan: de lichten die slechts een decoratief doel dienen en de lichten die niet meer zijn dan een vage waarschuwing.

Een ritje door het platteland heeft ook zo zijn aangename kanten, met name als je niet een bepaald doel voor ogen hebt. Italiaanse ontwerpers zijn gespecialiseerd in artistieke route-aanduidingen die niet zozeer bedoeld schijnen te zijn voor automobilisten die de weg zoeken, als wel voor de lokale bevolking die geacht wordt vol bewondering naar deze hoogstaande kunstwerkjes te kijken. Gelukkig kun je niet makkelijk verdwalen in Italië, zolang je maar in gedachten houdt dat niet alle wegen naar Rome leiden, ondanks de inspanningen van het autostradapersoneel om de automobilisten te overtuigen dat dat wel zo is.

MANIEREN EN ETIQUETTE

Italianen zijn een beleefd en welgemanierd volk. Begroetingen zijn belangrijk en omdat de Italianen zeer fysiek zijn ingesteld is het niet meer dan normaal om elkaar een hand te geven en te kussen. Daarmee drukken ze hun oprechte hartelijkheid en blijdschap uit als ze iemand tegenkomen, zelfs als ze die persoon de dag tevoren of zelfs die ochtend nog hebben gezien. Men kust elkaar op beide wangen en niemand kijkt vreemd op als mannen elkaar op deze wijze begroeten.

De Italianen zijn emotioneel en noemen elkaar voortdurend *cara* en *bella*. Toch zullen ze nooit zomaar bij iemand binnenlopen zonder een beleefd *'Permesso?'* (Mag ik zo vrij zijn?).

Ciao is een informele begroeting die zowel bij een ontmoeting als bij een afscheid wordt gebruikt. *Buongiorno* (goedendag) wordt de hele dag door gebruikt tot ergens in de late namiddag. De middag schijnt helemaal niet te bestaan, want na *Buongiorno* begroet men elkaar met *Buonasera* (goedenavond). Het onderscheid tussen avond en nacht is veel duidelijker. "Wat heb je vannacht gedaan?" beschouwt men als een bemoeizuchtige en zelfs impertinente vraag, terwijl "Wat heb je gisterenavond gedaan?" geen enkele verbazing oproept.

De Italianen kennen drie verschillende aanspreekvormen: *tu*, *voi* en *lei*. Tu is het Nederlandse je of jij. Het Nederlandse u is in het Italiaans voi of het iets modernere lei.

Mensen die men niet kent spreekt men aan met signor of signora. Signora betekent zowel mevrouw als juffrouw. Mensen met een titel worden in Italië ook vaak met die titel aangesproken. Een *dottore* is niet alleen een arts, maar iedereen met een afgeronde academische studie; *professore* is niet alleen de aanspreektitel van een hoogleraar, maar ook van een docent; *maestro* is niet alleen een componist, maar kan ook een ambachtsman en zelfs een judoleraar zijn; de aanspreektitel *ingegnere* staat zeer hoog in aanzien en weerspiegelt de bijzondere status die technische wetenschappers genieten. Beroepsnamen of eretitels worden vaak gebruikt voor beroemdheden. Zo wordt Giovanni Agnelli *l'avvocato* genoemd en Silvio Berlusconi *il cavaliere*. Niemand maakt zich er druk om dat dergelijke aanspreektitels niet helemaal op de juiste wijze worden gehanteerd, het enige wat telt is dat de aangesprokenen er door gevleid worden.

Grazie en *prego* behoren tot het basisvocabulaire van iedereen met goede manieren. Toch vindt niemand het onbehoorlijk als je in een café op luide toon 'koffie' roept. Je betaalt immers voor de service en overdreven beleefd gedrag kan opgevat worden als onecht en dus onbehoorlijk.

De Italianen zijn niet in staat om sorry of het spijt me te zeggen. Als hen iets niet spijt dan zien ze geen enkele noodzaak om het te zeggen, en als iets hen wel spijt dan is er altijd nog de biechtstoel.

Punctualiteit

Punctualiteit is in Italië slechts van ondergeschikt belang en een afgesproken tijdstip is alleen maar een vage schatting. Hoewel te laat komen op een afspraak zeker niet wordt toegejuicht, accepteert iedereen het wel. Een kwartier kan, maar een half uur niet. Docenten op de universiteit beginnen hun college een kwartier na het vastgestelde tijdstip, maar als ze later komen treffen ze een lege collegezaal aan, net als in Nederland, overigens.

In de rij

Je zult de Italianen nooit normaal in een rij zien staan, sterker nog, het idee dat ze zich keurig achter elkaar moeten opstellen werkt alleen maar op hun lachspieren. Het geduw en getrek als ze staan te wachten op de stoeltjeslift in een skidorp of als ze kaartjes voor een voetbalwedstrijd of een concert willen kopen leidt soms tot weinig verheffende taferelen.

De introductie van een nummertjesautomaat op enkele plaatsen waar de ergste ruzies uitbraken, zoals overheidsinstellingen of de visafdeling in de supermarkt, loste het probleem enigszins op. De Italianen vonden het wel een aardig idee om nummertjes te trekken. Het was net alsof er een wedstrijd werd gespeeld. Maar de nieuwigheid begint er al weer af te raken en op enkele van de drukkere overheidsinstanties is een ander spelletje ontstaan: zo vroeg mogelijk naar het gebouw gaan, nummertjes trekken en die vervolgens voor grof geld verkopen aan degenen die te laat komen en het risico lopen niet meer voor sluitingstijd geholpen te worden.

LA FAMIGLIA

La famiglia neemt in Italië een essentiële plaats in, zowel in sociaal, economisch, organisatorisch en politiek opzicht. Het kan een klein gezin zijn, maar ook een zeer uitgebreide familie.

De vader, die aan het hoofd staat van het gezin, verkeert in de veronderstelling dat hij al het werk doet en de beslissingen neemt. In werkelijkheid is het de moeder die het zware werk doet en de belangrijke beslissingen neemt. De zoons zijn altijd verwend en leren nooit hoe ze voor zichzelf moeten opkomen. De dochters zijn nooit verwend en daarom veel slagvaardiger dan hun broers met wie ze al vanaf zeer jonge leeftijd in een ongelijke strijd verwikkeld zijn.

Italiaanse families kunnen zeer omvangrijk zijn met al hun verwanten. Dergelijke families zijn voltallig aanwezig tijdens doopplechtigheden, huwelijken en begrafenissen. Familiebijeenkomsten gaan gepaard met veel bombarie en grote vrijgevigheid. Iedereen houdt haarfijn de hiërarchie van macht en welstand in de gaten. Een Italiaan kan zelfs zo ver gaan dat hij een ernstige ziekte voorwendt om maar niet naar de bruiloft van een achterneef te hoeven waar hij bang is een *brutta figura* te slaan omdat hij niet genoeg geld heeft voor een duur cadeau en een nieuw pak.

De Italiaanse familie is een uiterst geraffineerd netwerk van paternalisme en macht dat bijeengehouden wordt door een complex systeem van geschenken en gunsten.

Ingaan tegen de wensen van de familie is moeilijk en voor de meeste Italianen eigenlijk zo goed als onmogelijk. Italianen verlaten zelden op jonge leeftijd het ouderlijk huis en als het al gebeurt, verhuizen ze naar een woning aan de overkant van de straat of naar de flat één deur verder. Statistieken uit 1994 lieten zien dat bijna driekwart van de 27-jarigen nog thuis woonde.

Il papà

Iedere Italiaanse man weet zich verzekerd van de steun van een vrouw. Soms is dat zijn echtgenote, soms zijn minnares, maar meestal zijn moeder. De Italiaanse man groeit op met het idee dat zijn moeder de maagd Maria is en hij dus Jezus Christus. Anders is hij wel een geschenk van god aan de mensheid of in elk geval aan het vrouwvolk.

Italiaanse mannen vinden het zeer moeilijk om het ouderlijk huis te verlaten. Hun moeders maken het hen niet gemakkelijk om op eigen benen te staan. Ze worden zo gekoesterd en verwend dat ze geen enkel verlangen hebben om weg te gaan. Zelfs als ze getrouwd zijn blijven ze zich gedragen alsof ze ongehuwd zijn en gaan ze minstens een keer per week met de vuile was naar hun moeder.

Het is volstrekt normaal dat Italiaanse mannen van ver in de dertig nog thuis wonen en zich gedragen zoals tieners in noordelijke Europese landen. Waarom zouden ze hun financiële zekerheid en comfortabele leventje met een vrouw die hen behandelt als de zoon van god opgeven voor een onzekere toekomst met een vrouw die hen vraagt huishoudelijke dingen te doen die ze nooit geleerd hebben zoals het opmaken van een bed of het drogen van de vaat?

La mamma

Italiaanse vrouwen zijn briljante actrices. Hoewel ze volledig geëmancipeerd zijn en zich altijd en overal precies zo gedragen als ze zelf willen, houden ze in het dagelijks leven de schijn op dat ze stil en onderdanig zijn en dat de Italiaanse mannen de lakens uitdelen.

Het is niets anders dan één groot toneelspel, want binnen het gezin maken de vrouwen de dienst uit. Italiaanse vrouwen en vriendinnen weten dat beeldvorming belangrijk is voor hun mannen en dus laten ze hen in de waan dat ze geweldige, doortastende beslissers zijn. Maar ze weten ook dat hun mannetjes als kind zo zijn verwend dat ze nauwelijks in staat zijn om krachtdadig op te treden in de grote-mensenwereld. Ze kunnen bijna niks behalve er goed uitzien, koffie drinken, omgaan met de kinderen en spelen met het speelgoed van hun kinderen. Iedere Italiaanse vrouw weet dit, omdat ze allemaal hun best hebben gedaan om hun zoons te verwennen. Daarmee hebben ze hen vrijwel geheel afhankelijk gemaakt. Het geheim van de macht wordt door de ene generatie vrouwen overgedragen aan de volgende: het veinzen van onderdanigheid is geen hoge prijs voor de heerschappij binnen het gezin.

I bambini

Italiaanse kinderen mogen zich laten zien en horen, sterker nog, ze moeten gezien en gehoord worden en voortdurend aan de buitenwereld tentoongesteld worden. Behalve natuurlijk tussen twee en vijf als ze hun middagdutje behoren te doen. Ieder Italiaans kind houdt een siësta zodat ze niet te vermoeid zijn om deel te nemen aan de *passeggiata*, wat zoveel wil zeggen als dat in heel Italië iedereen na het optrekken van de ergste hitte de straat opgaat om te kijken en bekeken te worden. Veel Italianen doen nooit afstand van hun gewoonte om 's middags een dutje te doen. Dat verklaart waarom zij en hun kinderen rond middernacht nog over zo'n tomeloze energie lijken te beschikken.

De kinderen zijn vaak uitgedost als kleine volwassenen en maken al vroeg kennis met alle aspecten van het leven van volwassenen. Ze komen al op jonge leeftijd in restaurants en iedereen verwacht dat ze aanwezig zijn bij familiebijeenkomsten. Ze groeien veel sneller op dan hun Noord-Europese leeftijdsgenoten. De noodzakelijke basisvaardigheden om zich op het grotemensentoneel te gedragen worden hen met de paplepel ingegoten. Over het algemeen kunnen de Italianen uitstekend overweg met kinderen, zelfs als het kleine schreeuwlelijken zijn. Of zoals het oude Napolitaanse gezegde luidt, *Ogni scarafone è bello a mamma soja* ("In de ogen van zijn moeder is iedere tor een schoonheid").

I nonni

De *nonni* (grootouders), die meestal de verantwoordelijkheid dragen voor het beheer van het familiekapitaal, zijn voorzichtig met het verwennen van hun kleinkinderen. Ze peperen hen het belang in van het verlenen van gunsten in ruil voor cadeaus. Zo leren de kinderen al vroeg hoe zij zich kunnen verzekeren van de zorg van hun familie tegen de tijd dat zij zelf nonni zijn.

Wie tot een Italiaanse familie behoort is een contract aangegaan van de wieg tot het graf.

Gli animali

Dieren moeten voor de Italianen een praktisch doel dienen. Een hond moet naar onbekenden kunnen blaffen en dus de rol van waakhond vervullen. Katten behoren in staat te zijn om muizen te vangen. Huisdieren dienen de kinderen te amuseren of de functie te hebben van een modieuze accessoire. Als een beest niet aan een van deze kwalificaties voldoet, betekent het dat het slechts één doel dient, dan is het voorbestemd om opgegeten te worden.

De Italianen doden en eten zo'n beetje alles wat rent, vliegt of zwemt. Als in september het jachtseizoen geopend wordt hullen de Italiaanse mannen zich in jagerskostuum, gaan ze het bos in en knallen ze op alles wat los en vast zit. 's Avonds komen ze dolenthousiast thuis met drie dode leeuweriken . De volgende dag worden hun trofeeën tot hun grote trots tijdens de lunch opgediend - eindelijk heeft *il papà* iets nuttigs gedaan voor zijn gezinnetje.

L'amicizia

Het belang van vriendschap mag dan overschaduwd worden door de betekenis van de familie, maar het speelt een wezenlijke rol in de Italiaanse maatschappij. Italianen zijn kuddedieren en willen niets zo graag als deel uitmaken van een groep of een clubje. Die drang om bij een groep te horen beschouwt men als natuurlijk en essentieel.

'Echte' vriendschappen worden meestal al op jonge leeftijd gesloten, op school of met de kinderen uit de straat. Ze houden meestal een leven lang stand en zijn van groot belang. Een gezelschap oude vrienden is vaak zeer hecht en laat maar weinig nieuwe leden toe.

Nieuwe 'echte' vrienden kunnen op de universiteit gemaakt worden, op het werk of op de sportvereniging, maar dat komt over het algemeen minder vaak voor. Dergelijke vriendschappen worden meer op hun 'bruikbaarheid' dan op hun 'echtheid' gesloten. De meeste Italianen maken deel uit van een netwerk van zulke 'bruikbare' vriendschappen: de tandarts die je kies trekt voor half geld, de advocaat die je zaak kosteloos afhandelt of de vrouw bij de bakker die altijd een halfje brood voor je apart houdt.

Er zijn ook 'gevaarlijke' vriendschappen. Contacten die je beter niet had kunnen hebben en die vaak te maken hebben met voorstellen waarop geen afwijzing mogelijk is. De zuster van een van de bekendste Italiaanse rechters die gedood werd door een autobom terwijl hij de rechtszaak leidde tegen de mafia in Palermo, heeft de strijd van haar broer voortgezet. Ze zegt dat ze weinig vrienden heeft, waarmee ze bedoelt dat je je zorgen moet maken over je leven op het moment dat mensen ineens aardig tegen je gaan doen.

Buitenlanders verwijten de Italianen soms dat ze overdreven aardig zijn, maar deze 'gemaakte' vriendelijkheid wordt vaak verkeerd begrepen. Buitenlanders worden benaderd als vrienden zonder dat er iets anders behalve vriendschap wordt teruverlangd. Dat is een gunst die de Italianen onderling elkaar zelden verlenen. Met buitenlanders heeft men geen bindingen: men zal een Nederlander niet vragen om Salvatores achternicht Concetta aan een baan te helpen als ze later in het jaar naar Amsterdam komt.

La casa

De Italianen zijn buitengewoon praktisch ingesteld. Alles moet in hun ogen nut hebben. Italiaanse huizen worden goed onderhouden en zijn meestal klein met een minimaal aantal kamers. Logeerkamers zijn er bijna nooit - "Ze kunnen toch naar een hotel of niet soms?" Het Italiaanse leven speelt zich grotendeels buitenshuis af en dus worden de woningen meer gezien als een kleedkamer in een theater waar de bewoners zich tussen de bedrijven kunnen omkleden en ontspannen. De meeste huizen hebben één vertrek waar gasten kunnen worden ontvangen en waar de mooiste meubels en schilderijen verzameld zijn. Voor de gezinsleden is het verboden terrein en de kamer wordt zo weinig gebruikt dat het er in de winter ijskoud is, want het heeft geen enkele zin hem te verwarmen.

Veel Italiaanse gezinnen hebben een tweede of zelfs een derde huis, aan zee of in de bergen. Dat zijn over het algemeen kleine, één- of tweekamer vakantie-appartementen met stapelbedden voor het hele gezin.

Grond vindt men meestal veel te kostbaar om er bloemen te planten (tenzij je ze natuurlijk kunt verkopen), en dus zijn de Italiaanse tuinen bijna altijd moestuinen. De Italianen zijn uiterst bedreven in het telen van grote hoeveelheden groente en fruit op kleine stukjes grond of zelfs op hun balkon.

OBSESSIES

Elkaar te slim af zijn

De Italianen mogen anderen graag te slim af zijn zodat ze zich kunnen verkneukelen om andermans domheid en onnozelheid (*fesso*). Het is een essentieel onderdeel van de Italiaanse volksaard. Over het algemeen ziet men dat als een positieve eigenschap, tenminste, zolang iemand er succes mee heeft. Vandaar dat de Italianen met een zekere bewondering en jaloezie naar die handige jongen (*il furbo*) kijken die voordringt in de file en vervolgens door het rode licht schiet en ver voor iedereen uit wegschiet.

Als hij door de politie wordt opgemerkt, achterna gezeten en aangehouden, zal de *furbo* met de hand op zijn hart beweren dat zijn vrouw op het punt van bevallen staat en dat hij zo snel mogelijk naar huis moet om haar naar het ziekenhuis te brengen, waarna hij opnieuw wegspuit, ditmaal begeleid door een politie-escorte. Het is allemaal terug te voeren op de Italiaanse drang om de ander te slim af te zijn. Dat varieert van het zoveel mogelijk ontduiken van de regels tot het vertellen van leugens. Het wordt de Italianen met de paplepel ingegoten dat ze economisch moeten omgaan met de waarheid. Want als ze het spel niet meespelen zouden ze ernstig in het nadeel zijn ten opzichte van al die andere Italianen. Ze moeten wel liegen om de ander een stap voor te blijven.

Het grootste gevaar dat ze lopen is gesnapt te worden, maar dat vindt iedereen een aanvaardbaar risico. Want als het een beetje meezit hoeft die bekeuring voor het door rood rijden misschien wel helemaal niet betaald te worden, bijvoorbeeld als de arrestant lid blijkt te zijn van dezelfde voetbalclub als de agent die het proces-verbaal opmaakt en toevallig ook nog eens een kaartje over heeft voor de wedstrijd van komende zondag.

De Italianen vinden het veel erger om hun gezicht te verliezen dan om betrapt te worden. Ze zullen vaak een hele reeks van ogenschijnlijk volstrekt onnodige of hoogst onaannemelijke excuses te berde brengen om maar te voorkomen dat iemand ziet dat ze een blunder begaan hebben.

Fraai klinkende excuses als "Ik ben je telefoonnummer kwijtgeraakt" of "Ik heb je brief nooit ontvangen", klinken nu eenmaal een stuk beter dan toegeven dat je gewoon te laat hebt gereageerd. Want daarmee zou je de indruk wekken dat je een complete *fesso* bent.

Belastingontduiking

Italië heeft het grootste aantal verschillende belastingen en enkele van de hoogste belastingpercentages in Europa. Dit lijkt misschien onredelijk, maar Italië is ook het land dat bekend staat om zijn belastingontduiking. De regering dient altijd rekening te houden met dit aspect als ze de aanslagen vaststelt. Deze vreemde instelling leidde lang geleden al tot een pijnlijk misverstand. Toen Triëst in 1918 door het Oostenrijk-Hongaarse keizerrijk werd overgedragen aan Italië, betaalde de bevolking de belasting die van hen werd verlangd. De belastinginspecteurs sloegen hen het jaar daarop meteen aan voor het dubbele omdat ze het uitgangspunt hanteerden dat de bevolking nooit meer dan 50% betaalt van wat men betalen kan.

Over het algemeen zijn mensen met een vaste baan niet in staat om belasting te ontduiken omdat die op hun loon wordt ingehouden. Recente statistieken wijzen uit dat werknemers in loondienst 70% van de beroepsbevolking uitmaken, maar wel 85% van de geïnde inkomstenbelasting betalen. Het terugdringen van de staatsschuld is niet eenvoudig en de regering neemt vaak haar toevlucht tot noodmaatregelen om inkomsten te verkrijgen. De bouwamnestie in 1994 bijvoorbeeld gaf eenieder die de wet had overtreden de mogelijkheid om na het betalen van een boete hun werk te hervatten.

Deze tegemoetkomingen mogen dan wel zeer effectief zijn om geld binnen te halen, het nadeel is echter dat ze anderen ertoe aanzetten om ook de wet te overtreden en zo ontstaat er een vicieuze cirkel. Het overheidsbeleid verklaart ook de wilde bouwprojecten die dikwijls zonder vergunningen worden uitgevoerd. Een paar van de mooiste stranden van Italië zijn hier al aan ten prooi gevallen.

Er zijn schattingen gedaan dat zo'n derde van de Italiaanse economische activiteiten onofficieel wordt verricht en dus buiten het bereik van de belastingdienst. Deze *economia sommersa* (verborgen economie) omvat *lavoro nero* (zwart werk, dat wil zeggen schnabbelen in de avonduren) op alle niveaus (niet alleen de loodgieter, maar ook de chirurg zal als het maar even kan *in nero* werken) en daarnaast inkomsten uit criminele activiteiten (drugshandel, sigarettensmokkel, prostitutie, smeergelden). Daarmee is meteen verklaard waarom de Italianen er zo welvarend uitzien terwijl hun land altijd op de rand van het bankroet verkeert.

Veiligheid

De Italianen zijn geobsedeerd door veiligheid. Gezien het grote aantal misdrijven (in Turijn iedere 57 minuten een autodiefstal, iedere 86 minuten een tasjesroof en iedere twee uur een inbraak) hebben ze daar ook alle reden toe. Vandaar dat ze prachtige alarmsystemen en allerlei sloten aanbrengen waarmee ze hun huizen in kleine forten veranderen.

Toch zijn er ook zwakke punten. Ongelooflijk goed-beveiligde deuren hangen vaak alleen maar in twee uiterst dunne scharnieren. En een auto-alarm kan zo gevoelig zijn dat het zelfs reageert op een paar regendruppels, zodat het soms helemaal niet wordt aangezet.

L'amore

Bijna alle Italiaanse liedjes gaan over de liefde. Iedereen praat en discussieert er onophoudelijk over, want wat zou het leven zijn zonder *amore*?

De discussies bestrijken een breed terrein van wezenlijke vraagstukken als: Wat is het effect van verliefdheid op je eetlust? Is de liefde goed voor je gezondheid? Bestaat er liefde zonder seks? Bestaat er seks zonder liefde? Is de liefde overal ter wereld hetzelfde? En wat te denken van vrije liefde? Al deze kwesties worden van alle kanten belicht en houden het gehele land in hun greep. Hele televisieseries zijn gewijd aan verliefde stellen, niet meer verliefde stellen, stellen die op zoek zijn naar de liefde, kinderen en liefde, ouderen en liefde enzovoort, enzovoort. Hoewel niemand weet hoe vaak en hoe lang de Italianen daadwerkelijk de liefde bedrijven, is het wel duidelijk dat ze er voortdurend over praten en denken.

Van de Italiaanse mannen wordt een bepaald gedragspatroon verwacht. De zeer populaire ex-president Sandro Pertini was een gelukkig getrouwd man op wiens privé- en openbare leven niemand kritiek zou hebben durven uitoefenen. Toen hij halverwege de zeventig was stond hij een keer vol bewondering naar de nieuwste Alfa Romeo te kijken en men hoorde hem zeggen: "Wat een mooie auto! Natuurlijk niet geschikt voor echtgenotes." Op dat moment was hij een typisch Italiaanse man.

Of de Italianen nu wel of niet van die dynamische Latin lovers zijn, ze gaan er in ieder geval wel prat op en miljoenen mensen geloven ook altijd dat ze het inderdaad zijn. Maar het schijnt dat ze in hun poging om die reputatie waar te maken vaak met problemen te maken krijgen als voortijdige ejaculatie en zelfs impotentie. In maart 1993 publiceerde het landelijke dagblad *La Stampa* een lang artikel over een onderzoek van het Italiaanse Instituut voor Seksuologie waarin gesteld werd dat twee miljoen Italiaanse mannen potentieproblemen had. De meest effectieve oplossing die werd aangedragen voor dit probleem was helaas niet veel meer dan het advies om naar muziek te luisteren.

Beledigingen hebben vrijwel altijd betrekking op seksueel gedrag. Mannen beschuldigen vrouwen van een vrije en al te makkelijke seksuele moraal en noemen hen *puttana* (hoeren) of iets dergelijks, en hoewel vrouwen zelden schelden, vallen ze - als ze het eenmaal doen - de viriliteit van de mannen aan door hen homo, oud of impotent te noemen.

Niettemin leeft de legende van de Latin lover voort en staan er in de krant ook andere artikelen waar de Italiaanse mannen met meer voldoening kennis van kunnen nemen, zoals het geruststellende bericht dat Italiaanse condooms een halve centimeter langer zijn dan die in andere landen.

Il tradimento

De liefde is nauw verbonden met een andere nationale obsessie, *il tradimento*, het bedrog, en bedrog, of liever de angst voor bedrog, houdt de relaties in Italië gepassioneerd. En wat is liefde zonder passie?

Tijdschriften zoals de Italiaanse editie van *Cosmopolitan* onthullen regelmatig dat vele Italiaanse echtgenoten hun vrouwen bedriegen en andersom. Desondanks is overspel in Italië niet van gevaar ontbloot. Razende vaders, broers, ooms en neven aarzelen niet om met geweld de eer van de familie te verdedigen. De Italianen staan bekend om hun *vendetta* en menig *faida* (bloedwraak) kan generaties lang duren zonder dat iemand zich nog herinnert waar de oorspronkelijke kwestie om ging.

VRIJE TIJD EN ONTSPANNING

De Italianen storten zich vol overgave in het leven. Ze zien geen enkele reden om zich schuldig te voelen over een leven vol vrije tijd en plezier, en dat 24 uur per dag, zeven dagen per week en

52 weken per jaar. Belangrijk voor de Italianen is dat ze niet leven om te werken, maar werken om te leven.

Lo sport

Voetbal is in Italië verreweg de belangrijkste sport. De wedstrijden worden zondagmiddag gespeeld en je ziet vaak Italiaanse mannen met een radiootje tegen hun oor terwijl ze met hun gezin een zondagmiddagwandelingetje aan het maken zijn. Als het nationale team om het Wereldkampioenschap speelt komt het openbare leven tot stilstand en verdwijnen alle regionale verschillen als sneeuw voor de zon.

De enige andere sport die landelijk gezien serieus wordt genomen is wielrennen. Vol aandacht volgt men de verrichtingen van de Italiaanse coureurs in de Giro d'Italia en de Tour de France.

De Italianen groeien niet op met gymnastiekonderwijs - er zijn maar weinig scholen met goede sportfaciliteiten - en je vindt niet snel iemand die serieus aan sport doet (op een zondagochtend kun je wel de Italianen in hun fraaie joggingpakken met veel vertoon door het park zien paraderen, maar een beetje wandelaar passeert hen probleemloos). Toch brengt Italië regelmatig Olympische en wereldkampioenen voort, in allerlei disciplines, van zwemmen en schermen tot roeien en schieten. Zowel de sporters als hun landgenoten kunnen intens genieten van succes en beklimmen bij iedere gelegenheid die zich voordoet met veel show het hoogste podium.

Lo shopping

Italianen zijn dol op winkelen. In de steden zie je overal ambachtelijke zaken, couturiers en winkels waar je de meest bijzondere en wonderlijke artikelen kunt vinden. De kwaliteit en de luxe die je vanuit de etalages in de winkelstraten tegemoet komen zijn ronduit verbijsterend. Net zoals de prijskaartjes trouwens. Maar hoewel alleen de welgestelden en de beroemdheden de winkels van Gucci, Armani en Valentino binnenlopen om iets te kopen, laten de Italianen zich hier niet door van de wijs brengen. Want ze weten dat de prijs van de uitgestalde artikelen uiteindelijk wel eens heel anders kan blijken te zijn, met name als die artikelen vroeg of laat in de uitverkoop terechtkomen of op de markt.

De Italianen houden vooral van de markt waar de echte koopjes te vinden zijn. Je moet alleen nooit te diep ingaan op de herkomst van de marktwaar. Maar wat maakt het uit dat die mooie, korte zwarte Moschino cocktailjurk die je voor 50.000 lire kunt krijgen dezelfde is als die je gisterenavond voor 500.000 lire zag hangen in de Via Veneto. Zolang hij maar past. Natuurlijk loop je ook een risico, want dat koopje kan evengoed namaak zijn.

Italianen kennen geen valse trots als het om handel gaat. Op de markt is het normaal om te onderhandelen en ook in winkels zijn de klanten gewend korting te vragen. Italianen verkopen elkaar alles wat los en vast zit, van hun grootmoeder tot hun buurman, maar alleen als de prijs acceptabel is. In Napels bijvoorbeeld schroeven straatkinderen bij het ene stoplicht de nummerplaat van je auto om hem bij het volgende weer aan je te verkopen. Mét een glimlach en tegen een schappelijk prijsje!

HUMOR

Italianen hebben een goed gevoel voor humor. Ze lachen niet alleen om anderen maar ook om zichzelf. Maar omdat ze de rol die ze spelen zeer serieus nemen, drijven ze liever niet te veel de spot met zichzelf. Ze zijn zich zeer bewust van hun waardigheid in het openbaar en als ze een officiële functie hebben, zullen ze die uiterst zelfverzekerd en formeel vervullen. De hoogleraar in de rechtswetenschap zal zijn colleges nooit verlevendigen met snedige opmerkingen. Het gevolg van deze instelling is dat Italiaanse wetenschappelijke verhandelingen en congressen vaak buitengewoon ernstig zijn en wellicht tot de saaiste ter wereld behoren. Misschien dat er een enkele keer een vleugje ironie in de commentaren en presentaties verborgen zit, maar dan moet je wel heel goed opletten.

Vilipendio is een overtreding waarvoor iedereen die beledigend schrijft over politici of overheidsfunctionarissen strafrechtelijk vervolgd kan worden. Illustraties vallen niet onder deze wet en dus zijn de politieke cartoons in de Italiaanse kranten uitgegroeid tot ware kunstwerkjes. De illustratoren stellen politieke situaties en politici met een vernietigende ironie aan de kaak.

De beroemdste politieke cartoonist in Italië is op het moment Forattini. Zijn karikaturale tekeningen van vooraanstaande konkelende politici hebben van hem een invloedrijke nationale persoonlijkheid gemaakt. Weinig Italianen waren zich bewust van de macht van Bettino Craxi, de leider van de socialistische partij, totdat Forattini tekeningen van hem begon te maken waarin hij werd afgebeeld als een zekere Benito...

Italianen zien zichzelf graag door andermans ogen. In die behoefte voorziet de cartoonist Altan. Vanuit zijn comfortabele rustoord in Brazilië verstuurt hij doorlopend zijn kernachtige observaties van de Italiaanse volksaard. Twee voorbeelden:

Twee bouwvakkers met papieren hoeden zitten op een stapel stenen te eten. (Bouwvakkers in Italië vouwen een krantepagina in de vorm van een boot die ze op hun hoofd zetten ter bescherming tegen de zon.) Een van hen zit een oude krant te lezen: "Er staat hier dat de Italianen een stelletje individualisten zijn." "Wie kan dat nou wat schelen," zegt de ander. "Dat moeten ze toch zelf weten."

Een gesprek tussen twee jonge vrouwen die het hebben over de eigenaardigheden van hun geliefden: "Je kunt niet ontkennen dat de Italiaanse mannen uiterst bijzonder zijn," zegt de een. "Absoluut," zegt de ander, "ik zou alleen zo graag willen dat ze normaal waren."

De obsessie van de Italianen om hun buren in de gaten te houden is ook terug te vinden in hun humor. Er bestaan weinig grappen over buitenlanders, maar des te meer over hun landgenoten. De bewoners van Genua hebben bijvoorbeeld de naam nog gieriger te zijn dan de Schotten:

Een man uit Genua heeft besloten om een schilderij in de woonkamer op te hangen en zegt tegen zijn zoon: "Vraag even aan de buurman of we zijn hamer mogen lenen." De jongen keert met lege handen terug: "Het spijt hem zeer, maar hij kan hem niet vinden." "Wat is het toch een lomperik," zegt de vader. "Nou ja, pak dan onze eigen hamer maar."

LA CULTURA

Italianen hebben een groot respect voor cultuur. Ze zijn zich bewust van de waarde van hun nationale erfgoed en ook dat het een van de belangrijkste bronnen is voor de welstand van hun land.

Geld was en is nog altijd een drijvende kracht achter de Italiaanse creativiteit en artisticiteit, maar het is niet de enige. Ook religie en gevoel voor schoonheid spelen een rol, evenals het vermogen van de Italianen om de sfeer van een omgeving aan te voelen. Maar het belangrijkste van alles is misschien wel hun aangeboren eerzucht om de dingen mooi te maken - *fatta ad arte*. Voorwerpen hoeven niet per se goed te werken, ze hoeven niet duurzaam te zijn, maar ze moeten er wel goed uitzien. En als ze mooi zijn, zullen de Italianen vanzelf hun best doen om ze goed te laten werken en hun duurzaamheid te verhogen.

Dit is precies de overeenkomst tussen een rok van Valentino, een auto van Pininfarina, een glazen gondeltje dat geblazen is in een klein Venetiaanse atelier, een madonna met kind langs de kant van de weg en een bord verse pasta.

Tijdens de Tweede Wereldoorlog kregen Italiaanse krijgsgevangenen op de Orkaden-eilanden een golfplaten barak tot hun beschikking die dienst kon doen als kapel. Met zorg versierden ze de binnenkant en beschilderden ze de wanden met barokke trompe-l'oeils waardoor er een waar kunstwerk ontstond. Vijftig jaar later keren de voormalige krijgsgevangenen nog regelmatig terug om te controleren of hun kapel nog altijd in goede staat verkeert.

Melodrama

Het leven in Italië was en is nog altijd vol melodrama, hetgeen onder meer de populariteit van 19de-eeuwse opera's en moderne soap opera's verklaart. Het is heel goed mogelijk dat je loodgieters tijdens hun werk bekende aria's hoort zingen. Of dat schoonmaaksters sparen voor een kaartje om tot in de puntjes verzorgd naar de Scala te kunnen.

Karaoke heeft in Italië een ongelooflijke hausse doorgemaakt, want het gaf iedere Italiaan een uitgelezen mogelijkheid om met dit soort 'optredens' zijn narcisme te bevredigen. Wat is er immers mooier om voor de ogen van je vrienden en familie uit volle borst liederen te zingen?

Televisie

Zo de Italianen niet de uitvinders zijn van pulptelevisie, dan hebben ze dat zeker wel tot in de perfectie weten te ontwikkelen. Zelfs op de drie publieke netten is sprake van zo'n gebrek aan vakmanschap, dat het overal elders beoordeeld zou worden als een extreme vorm van gemakzucht. De kijkers worden regelmatig geconfronteerd met een geheel wit scherm en programma's die vele minuten later beginnen dan staat aangegeven. Je kunt nieuwslezers herhaaldelijk betrappen op het voorlezen van berichten die niet corresponderen met de vertoonde beelden.

Italianen kijken voornamelijk naar buitenlandse, nagesynchroniseerde films, tekenfilms en soap opera's. Die nasynchronisatie is soms verbijsterend: in de liefdesscène in *A Fish called Wanda* zijn zelfs de woordjes die John Cleese in het Russisch uitspreekt, omdat Jamie Lee Curtis daar zo vreselijk opgewonden van raakt, nagesynchroniseerd in het Italiaans.

Aan de andere kant is het verbluffende succes van tweederangs soap opera's uit Amerika juist grotendeels te danken aan die nasynchronisatie. Want de passie van de Italiaans ingesproken versie maskeert het armzalige peil van de oorspronkelijke dialogen. Door de Italiaanse versie van *The Bold and the Beautiful* zijn de in Amerika nauwelijks bekende acteurs in Italië uitgegroeid tot idolen en zelfs bekender dan de leden van het kabinet.

De meeste produkties van eigen makelij zijn amusementsshows bestemd voor 'het hele gezin'. En omdat de kinderen in Italië meestal om half elf nog op zijn, gaan ze de hele avond door. Ze zijn allemaal samengesteld met dezelfde basisingrediënten, zoals quizjes, spelletjes en wedstrijdjes die worden afgewisseld met voorspelbare dans, muziek en commercials.

'Het hele gezin' heeft verder nog de keuze uit nagesynchroniseerde Disney-films, natuurdocumentaires of 'Euro'-programma's zoals *It's a Knockout* en het Songfestival, dat in veel andere landen weinig succes heeft, maar in Italië het hele land aan de buis kluistert.

Andere programma's zijn geïnspireerd op *Candid Camera* en bieden het publiek de mogelijkheid om naar niets vermoedende deelnemers te kijken die tot woede-aanvallen en huilbuien worden gedreven zonder te weten dat ze door miljoenen mensen worden gadegeslagen. In *Complotto di Famiglia* bijvoorbeeld vergezelt Maria haar echtgenoot voor de eerste keer naar een belangrijk zakendiner. Als de avond vordert, wordt het steeds duidelijker dat de oogverblindende gastvrouw in haar strakke, roze kledij wat al te veel aandacht besteedt aan Maria's echtgenoot. Op zeker moment vraagt ze Maria of ze haar echtgenoot eventjes mag lenen. De echtgenoot zelf schijnt zwijgend toe te stemmen. In de volgende scène zie je de angst en de emotie op het gezicht van Maria, maar het programma stopt voordat de kijkers kunnen zien hoe het met het huwelijk van Maria en haar echtgenoot afloopt.

De uitzendingen laat op de avond zijn bestemd voor volwassenen en 'kwaliteits'-films concurreren met programma's als *Colpo Grosso* waarin de deelnemers zich van hun kleren moeten ontdoen om extra prijzen in de wacht te slepen.

Het enige lichtpuntje in dit hele pandemonium is het vakkundig gemonteerde programma *Blob* dat iedere avond in een uur tijd een overzicht (zonder commentaar) geeft van nieuws en gebeurtenissen die de voorafgaande dag op televisie te zien zijn geweest. Op deze manier krijgen de Italianen een dagelijkse portie van de twee zaken waar ze in het leven het meeste plezier aan beleven: lachen om andermans blunders en het ontmaskeren van hun politici.

De pers

Italiaanse kranten zijn duur en hebben een beperkt aantal lezers. In 1994 was de gemiddelde oplage bijna 6,5 miljoen. Maar het feitelijke aantal lezers is moeilijk te berekenen omdat veel Italianen de krant lezen in openbare gelegenheden zoals bibliotheken of cafés. Er zijn ook mensen die meer dan één krant per dag kopen.

De meeste Italiaanse dagbladen zijn serieuze regionale kranten met ruime aandacht voor het landelijke nieuws. Andere zijn nauw gelieerd aan politieke partijen zoals *Il Giornale* aan Silvio Berlusconi's *Forza Italia* en *L'Unita* aan de PDS, de linkse democraten. Het dagblad met de hoogste oplage is de *Corriere dello Sport* met alleen maar sportnieuws, hetgeen waarschijnlijk aantoont waar de interesse van de Italianen wezenlijk naar uitgaat.

Voor de roddelverhalen kopen de Italianen glossy weekbladen als *Oggi* en *Novella 2000*, waarin ze alles kunnen lezen wat ze weten willen over Hollywood en de vorstenhuizen van Engeland en Monaco. Hoewel Italië de geboortegrond is van de *paparazzi* worden er maar weinig verhalen gepubliceerd over het liefdesleven en de schandalen van Italiaanse politici en mensen op hoge posten. Dit is terug te voeren op een aloude, stilzwijgende overeenkomst tussen de bewindvoerders en de Italiaanse pers.

Literatuur

Italië bezit een bijzonder literaire erfgoed. Fameuze schrijvers uit het verleden zijn Dante Alighieri, Boccaccio en Ariosto. Tot de belangrijkste moderne auteurs behoren Primo Levi, Italo Calvino, Alberto Moravia, Umberto Eco en Dario Fo. Hun werk wordt beschouwd als 'hoge literatuur' en wordt meestal alleen bestudeerd op school of gewaardeerd als er een speciale aanleiding voor is.

Over het algemeen lezen de Italianen in de trein of in bed het liefst de spannende wereldwijde bestsellers van Harold Robbins en Wilbur Smith of Judith Krantz en Danielle Steel.

Sommige boekengenres hebben een kleurcode. Geel wordt gebruikt voor thrillers en detectives, zwart voor de *cronaca nera* (misdaadverhalen) uit de kranten en tijdschriften en roze voor de sentimentele romannetjes.

Het stripverhaal is misschien wel het populairste genre. Italië is per slot van rekening het land waar de door kinderen zo geliefde figuur van Pinokkio vandaan komt. Italianen zijn dol op strips in boekvorm. Ze houden het meest van de soft-porno-avonturen van hun stripboekhelden zoals cowboy Tex Willer, de veel geplaagde, sexy mannequin Valentina en de eigenzinnige droomonderzoeker en verstokte vrouwenversierder Dylan Dog.

OP ZIJN EET-ALIAANS

Italianen zijn gefixeerd op eten. Een groot deel van het leven in Italië wordt beheerst door het verbouwen, kopen, bereiden en bovenal het naar binnen werken van voedsel. Als het maar even mogelijk is eet men in gezelschap. Het Italiaanse woord voor gezelschap, *compagnia*, is opgebouwd uit de woorden *con* (met) en *pane* (brood), hetgeen zoveel wil zeggen als de maaltijd gebruiken met vrienden.

Maar eten in gezelschap houdt in Italië veel meer in dan alleen maar samen aan een tafel zitten. Er maakt zich een ongebreideld enthousiasme van de Italianen meester als er een diner georganiseerd moet worden. Eerst zijn er de *antipasti* (voorgerechten), zelden minder dan vijf, dan de eerste gang (de *primo*), met een keuze uit verschillende pasta's of rijstgerechten; daarna een hoofdgerecht (de *secondo*) van vlees of vis met de bijbehorende groenten (de *contorno*), dan kaas en tot slot het dessert (de *dolce*) gevolgd door koffie (*espresso*). Een diner kan makkelijk twee tot vijf uur in beslag nemen. En als het een lunch was heb je een paar uur de tijd om je op te laden voor het avondmaal.

Eten

De Italianen hebben altijd hoge eisen gesteld aan kwaliteit en reserveren het beste voedsel voor zichzelf. Italië is nog steeds een agrarisch land en de kleine boeren (*i contadini*), die een enorme invloed uitoefenen binnen de samenleving, zijn uiterst praktisch ingestelde mensen. Ze besteden weinig aandacht aan de richtlijnen van de EU en bewerken de grond volgens traditionele methodes waarmee ze uitstekende produkten oogsten.

Veel stadsmensen hebben familie op het platteland die hen voortdurend voorziet van zelf gekweekte en zelf bereide specialiteiten. De salade en wijn die ter ere van je komst op tafel worden gezet zijn altijd van zo'n uitstekende kwaliteit dat je die niet snel zult vergeten.

Ieder seizoen heeft zijn eigen specialiteiten. Het hele gezin houdt zich aan het eind van de zomer bezig met het bereiden van de *passata di pomodoro* (tomatenpuree). In september plukt men paddestoelen, in oktober druiven en in maart gaat men op zoek naar de exquise bladeren van jonge paardebloemen die zo'n pikante smaak geven aan de salades.

De geheimen van de Italiaanse keuken zijn niet alleen de verse en kwalitatief hoogstaande ingrediënten, maar ook de uitstekende culinaire vaardigheden van de Italianen zelf, zowel van de vrouwen als de mannen. Dat leren ze al op jonge leeftijd en je hoeft alleen maar wat te bladeren in Italiaanse kookboeken om te zien dat de auteurs een hoop kennis als bekend veronderstellen. Italiaanse recepten worden minder exact omschreven als bij ons en je leest niet dat je voorzichtig 150 gram van dit of twee theelepeltjes van dat moet toevoegen; er staat alleen maar dat je een snufje van dit of een scheutje van dat moet nemen.

Ondanks hun bewondering voor vele zaken uit Amerika zijn de Italianen opmerkelijk terughoudend als het om de Amerikaanse eet- en drinkgewoontes gaat. Men accepteert Coca-Cola en hamburgers, maar geen pindakaas en bonen in blik; er wordt geadverteerd met graanprodukten zoals cornflakes, maar zonder veel succes. Italië is het enige land ter wereld waar de marketingtechnieken van fast-foodgigant McDonalds gedwarsboomd werden door de oprichting van de *Slow Food* beweging.

Wijn vooraf en grappa na

Italianen zijn de grootste consumenten van whisky, vooral malt. Een doorsnee café in Italië heeft een ruimer aanbod op voorraad dan de meeste pubs in Schotland. Onder de jongeren wint ook bier aan populariteit, vooral de sterke soorten uit het buitenland. Maar het is vooral wijn dat overvloedig door de aderen van dit land stroomt. Italiaanse wijnen variëren van dieprode tafelwijnen die schuimen in je glas tot sprankelende droge witte. Al die wijnsoorten worden over het algemeen in de streek zelf gedronken als ze nog jong zijn en omdat veel van de betere Italiaanse wijnen buiten Italië onbekend zijn, zijn de prijzen redelijk. Italiaanse wijnen lopen uiteen van vorstelijk tot robuust. Elk heeft zijn eigen speciale karakter. Zoals een salamimaker in een dorp opmerkte toen hij met smaak een glas *vino nero* uit de streek dronk: "Een wijn is als een man; hij kan zo zijn gebreken hebben maar toch lekker zijn."

Over het algemeen drinken de Italianen alleen bij het eten, maar dat wil niet zeggen dat ze zichzelf inhouden. De maaltijd wordt voorafgegaan door een *aperitivo* en iedere gang heeft zijn eigen wijn waarbij de meest sprankelende bewaard wordt voor het dessert.

Helaas is de menselijke maag niet geschapen voor dergelijke overdadige genoegens en dus hebben de Italianen allerlei ingenieuze maniertjes bedacht om de spijsvertering te vergemakkelijken. Tijdens de hele maaltijd drinken ze mineraalwater en na afloop kunnen ze kiezen uit een keur van sterke likeuren (*digestivi*). Of ze nemen een stevige *grappa* in de hoop dat die hun uitgeputte ingewanden weer op gang brengt.

Ondanks deze voorzorgsmaatregelen laten de Italiaanse spijsverteringskanalen het vaak afweten. Constipatie is een veel voorkomende klacht. De Italianen hebben weinig *fiducie* in de oplossingen waar men in andere landen zijn toevlucht toe neemt. Ze weigeren de Duitse methode, het volkorenbrood, of de Amerikaanse, vezelrijke graanprodukten, zoals ze ook weigeren om hun eigen gewoontes te veranderen door bijvoorbeeld wat minder te eten.

GEZONDHEID

De meest voorkomende ziekte in Italië is gepieker. De Italianen zijn over het algemeen buitengewoon gezonde mensen die echter veel te vaak denken dat ze zich nog gezonder zouden moeten voelen. Enerzijds komt dat omdat ze zich inbeelden dat ieder ander zich beter voelt dan zij, anderzijds omdat ze idioot hoge eisen stellen aan hun eigen gezondheid. Als ware hypochonders maken ze zich er voortdurend zorgen over. Die maagpijn, dat zal toch niet het begin van maagkanker zijn? Waarbij ze vergeten dat ze de avond tevoren te veel gegeten hebben. En die hoofdpijn, zou dat niet het begin van een hersentumor kunnen zijn? Waarbij ze vergeten dat ze de avond tevoren ook te veel gedronken hebben.

Italianen geven graag veel geld uit om dat gepieker nog eens te versterken. Als hun huisarts hen vertelt dat ze kerngezond zijn, gaan ze naar een specialist. Als deze specialist ook niets verontrustends constateert, gaan ze naar een andere, net zo lang tot ze een arts vinden die bereid is een recept uit te schrijven. Dit recept wordt aan de plaatselijke apotheker overhandigd waar het nog eens uitvoerig wordt besproken alvorens men het medicijn koopt (plus nog één of twee andere op aanraden van de apotheker, want je weet maar nooit...)

Het resultaat is dat een typisch Italiaans medicijnkastje volgestouwd is met evenveel medicijnen als dat er apothekers zijn, maar de meeste pilletjes en zalfjes zijn al jaren niet meer bruikbaar.

Er kunnen problemen ontstaan als de Italianen ècht ziek worden. Ze hebben al een uitputtend beroep gedaan op het geduld en de kostbare tijd van hun dokter en al de helft van de plaatselijke specialisten geraadpleegd. Een mogelijke oplossing is de eerste-hulpafdeling van het ziekenhuis. Maar is een ingroeiende teennagel een klacht die hier ernstig genoeg voor is? En zou de chirurg in zijn enthousiasme misschien niet de verkeerde teennagel weg kunnen snijden?

In de Italiaanse nieuwsmedia wemelt het van de meest huiveringwekkende ziekenhuisverhalen, zoals die over de Franciscaner monnik die naar het ziekenhuis ging voor een hernia-operatie en er uitkwam met nog maar een halve luchtpijp. Of die over de voetballer die aan zijn verkeerde knie werd geopereerd. Ondanks het feit dat nooit is aangetoond dat Italiaanse ziekenhuizen beter of slechter zijn dan die in andere Europese landen, gaan de Italianen vaak naar Zwitserland of Frankrijk voor hun behandeling. Ze zijn er heilig van overtuigd dat de ziekenhuizen elders beter functioneren.

De tandarts

De meeste Italianen zien er wonderbaarlijk fit en gezond uit, totdat ze hun mond opendoen. Tandartszorg is in Italië zeer kostbaar en de tandartsen profiteren van het feit dat de Italianen meestal met het maken van een afspraak wachten tot zich ernstige problemen aandienen.

Ze gaan met hun gebit om zoals met hun antieke monumenten. Ze wachten tot herstel bijna niet meer mogelijk is in plaats van dat ze investeren in doorlopend onderhoud. Waarom zou je je druk maken om een (tijdelijke) opknapbeurt als je ook kunt wachten op het onvermijdelijke moment van een grondige renovatie?

GEWOONTEN EN TRADITIES

De Italianen vieren Kerstmis traditiegetrouw thuis met de familie en Pasen met hun vrienden, "*Natale con i tuoi, Pasqua con chi vuoi*" (Kerstmis met je verwanten, Pasen met je dierbaren). Toch staat tweede paasdag (*Pasquetta*) steevast in het teken van een grote familiepicknick. Die picknick gaat altijd door, ook al regent het op die dag vaak (het weer verandert met de paasmaan).

Alle Italiaanse steden en dorpen vieren hun eigen heiligendagen. Milaan heeft een vrije dag ter ere van Sint Ambrosius, Turijn ter ere van Sint Jan, Napels ter ere van Sint Gennaro en Rome ter ere van Sint Pieter.

De meeste plaatsen hebben ook een *sagra* of festivalweek die gewijd is aan een componist, aan eten, aan een sportevenement of aan een onderscheiding die is vernoemd naar een plaatselijke dichter of politicus. Zo'n evenement kan grootschalig zijn zoals de beroemde *palio* (paardenrennen) in Siena, maar vaak blijft het kleinschalig. De Italianen nemen daarvoor een vrije dag op zodat ze precies kunnen doen waar ze het meeste plezier aan beleven, lekker eten en in gestaag tempo goede wijn drinken in aangenaam gezelschap.

De jaarlijkse vakantie wordt meestal opgenomen in augustus als de fabrieken in de grote noordelijke steden sluiten omdat de hitte het stadsleven ondraaglijk maakt. De meeste gezinnen reizen af naar de bergen of het strand om verkoeling te zoeken. Voor degenen die achterblijven wordt het leven moeilijk omdat de winkels ook sluiten en het niet altijd eenvoudig is de primaire levensbehoeften te vinden. De vakantiegangers doen in de tussentijd hun best om de drukte en de heisa van het leven in de stad naar het strand te verplaatsen.

Andere belangrijke vrije dagen in Italië zijn 8 maart, als de vrouwen elkaar gele mimosa geven en vol trots hun vrouw zijn vieren; 1 mei als de ene helft van het land in ware Don Camillo-stijl ter kerke gaat en de andere helft zich in Peppone-stijl aansluit bij de arbeidersmarsen; en 1 november als de meeste Italianen een bezoek brengen aan de kerkhoven voor een plechtige ceremonie ter ere van hun voorouders die daar hun laatste rustplaats hebben gevonden in boven op elkaar gestapelde graftombes die nog het meeste weghebben van archiefkasten.

De dagen voor de vastenperiode die begint op Aswoensdag staan in het teken van de carnavalsviering (afgeleid van het Latijnse *carnem levare* - letterlijk het veroveren van vlees). De uitgelaten feesten en verkleedpartijen bereiken hun hoogtepunt met de festiviteiten op vastenavond (*Martedì Grasso*). De grootste vinden plaats in Venetië en Viareggio. Het Italiaanse carnaval gaat terug tot de heidense Romeinse feesten van Saturnalia en Lupercalia. Voor sommigen is carnaval een feest om je uit te dossen als harlekijn of Pulcinella of om de kinderen te verkleden en met hen naar de optocht en de kermis te gaan; voor anderen is het een uitstekend excuus om volledig uit hun bol te gaan.

Privilege

Veel Italianen hebben speciale *privilegi* of behoren tot geprivilegeerde groepen of gebieden waar weinig of helemaal geen belasting betaald hoeft te worden. De bewoners van half-autonome regio's als de Aostavallei willen graag Italiaans staatsburger blijven, maar alleen zo lang de regering doorgaat met het verstrekken van hoge subsidies. Ze betalen bijvoorbeeld maar een kwart van de prijs die je in de rest van het land voor benzine betaalt.

Italiaanse parlementariërs en leden van het Europees parlement behoren tot de best betaalden in Europa en krijgen overal waar ze komen een voorkeursbehandeling. Soortgelijke privileges zijn ook weggelegd voor iedereen met een invloedrijke en vooraanstaande functie, van de leden van een gemeenteraad tot de plaatselijke hoofdcommissaris. De *autorità* (plaatselijke hoogwaardigheidsbekleders) kunnen er zeker van zijn dat voor elke hoogst belangwekkende gebeurtenis - zoals een voetbalwedstrijd of concert - voor hen de beste plaatsen zijn gereserveerd.

De katholieke Kerk

De Italianen verkeren graag in de veronderstelling dat ze in een katholiek land leven, ook al staan ze volstrekt onverschillig tegenover de geestelijkheid. Ze bewijzen weinig meer dan lippendienst aan pauselijke diktaten zoals die over geboorteregeling. Ondanks de voorschriften van het Vaticaan heeft Italië met een gemiddelde van 1,3 kinderen per gezin het laagste geboortecijfer van Europa. (Als deze trend doorzet zal het bevolkingsaantal in Italië in het jaar 2008 met zo'n 300.000 zijn afgenomen.)

Over het algemeen worden pauselijke en episcopale encyclieken genegeerd want men heeft religie het liefst als iets zichtbaars en tastbaars. Overal - in openbare gelegenheden, bij de mensen thuis en zelfs op computerschermen - zie je afbeeldingen van Maria, *il Papa*, plaatselijke heiligen en voetbalsterren.

De paus is het enige gekroonde staatshoofd in Italië en dankzij zijn bijzondere positie worden zijn bezoeken aan Italiaanse steden met meer interesse en opwinding beleefd dan die van de president of de premier. Hij is de enige gezagsdrager in Italië die een stadion met aanhangers weet vol te krijgen en de enige gast voor wie de *autorità* bereid zijn zich uit te sloven. Op de dag van zijn komst worden 's ochtends de muren wit geschilderd opdat de heilige vader geen enkele beledigende vuilspuiterij onder ogen hoeft te krijgen.

Bijgeloof

De Italianen maken zich zorgen over voorwerpen, gebeurtenissen, gedragingen en (vooral) mensen van wie men denkt dat ze ongeluk brengen of zouden kunnen brengen. Velen beschermen zichzelf, hun auto's en hun huizen met allerlei gebeden en amuletten (sommige met een christelijke betekenis, andere juist niet). Verder geven ze handenvol geld uit aan allerlei astrologen, tovenaars en oplichters als een soort verzekeringspolis tegen 'het boze oog'.

Ze spelen ook graag in op hun bijgeloof. Een Italiaan droomde een keer dat hij samen met paus Johannes XXIII zat te luisteren naar een oude 33 toeren plaat. Toen hij wakker werd vertelde hij de droom aan zijn buurvrouw. Haar eerste reactie was: "23 en 33. Met die nummers ga ik morgen in de Lotto (de staatsloterij) spelen."

Veel mensen houden nauwlettend de maanstonden in de gaten, die niet alleen van invloed zijn op de menselijke geest en het lichaam, maar ook op het zaaien en oogsten van gewassen en de houdbaarheid van voedsel en drank. Vandaar dat wijn altijd onder de juiste maanstond gebotteld moet worden, hoewel je hem gelukkig wel te allen tijde kunt drinken.

Of ze nu wel of geen kerkgangers zijn, de Italianen worden gefascineerd door het mysterie van de wonderen. Toen een eenvoudig Maria-beeldje, waarvan er talloze van de lopende band moeten zijn gerold, in het voorjaar van 1995 ergens in een achtertuin in Civitavecchia tranen van bloed begon te schreien, werd het hele land meegesleept in de daarop volgende discussie ("Waarom heeft de bisschop het wonder eerder erkend dan het Vaticaan?" "Waarom was het bloed mannelijk?" enzovoort). *Autorità* en zakenlui maakten zich op om het verwachte leger van pelgrims in hun stad te ontvangen. Uiteindelijk zegevierde het verstand en kwam er alleen maar een handjevol mensen uit de buurt op af.

Toch is dit het land met de meest indrukwekkende relikwieën uit de geschiedenis van het christendom; dit is het land van Pater Pio en het land waar het bloed van Sint Gennaro in Napels sinds augustus 1389 drie maal per jaar vloeit. Dat er meer dan genoeg heilige kruizen in Italië hangen om een basiliek mee te bouwen of dat Sint Eulalia (de pleegmoeder van Christus) dertien borsten gehad moeten hebben doet er allemaal niet toe. Het nut van relikwieën en wonderen is dat ze de schaapjes bij de kudde houden. En een nog veel groter voordeel is dat ze geld in het laatje brengen.

LA POLITICA

Het landsbestuur

Als gevolg van de eeuwenlange overheersing door buitenlandse mogendheden hebben de Italianen een vreemd idee ontwikkeld over landsbestuur. Het wordt niet gezien als een publieksvriendelijk orgaan dat ontwikkeld is om de binnen- en buitenlandse belangen te beschermen en te behartigen, maar veel meer als een wereldvreemde, vijandige organisatie waar de bevolking geen enkele band of betrokkenheid mee heeft. Het is een systeem dat gulzig het belastinggeld opstrijkt dat linea recta in de zakken van de dan zittende hebzuchtige machtswellustelingen verdwijnt. Hun enige nut is dat je hen met een gerust hart alle problemen van het land in de schoenen kunt schuiven.

Een bekend cartoon vat de Italiaanse houding tegenover de regering krachtig samen. Een man staat voor zijn huisdeur naar de stromende regen te kijken. Het onderschrift luidt: "Het regent. Wat is dat toch een stelletje tuig, die regering."

Italië heeft de naam dat het sinds de Tweede Wereldoorlog een ongelooflijk aantal verschillende regeringen heeft versleten. Tot 1994 werd de politiek echter gedomineerd door één partij, de christendemocraten die in het zadel bleven door coalitievormingen. De term *Cambio di governo* kreeg na verloop van tijd de betekenis van positiewisselingen binnen het kabinet in plaats van regeringswisselingen. Het was dus altijd duidelijk wie de verkiezingen zou winnen. Ook de meerderheid van de Italiaanse bevolking raakte gewend aan het idee dat ze altijd voor de winnende partij zou kiezen. Veel van de huidige onzekerheid binnen de Italiaanse politiek is terug te voeren op het feit dat mensen niet meer weten wie er aan de winnende hand is.

Politiek

Italiaanse politici gedragen zich in veel opzichten op dezelfde manier als hun voorvaderen. De machtsstrijd, de politieke corruptie en de belangenverstrengelingen die het late Romeinse rijk teisterden bestaan ook nog altijd in het hedendaagse Italië.

Italië is een land dat lijkt te overleven ondanks de pogingen van de politici om het naar de ondergang te drijven. De Italianen houden van het politieke spel, maar het doel van dit spel is voor buitenstaanders vaak moeilijk te doorgronden.

De hoogste prioriteit heeft het vergaren van macht en invloed of zoals een Siciliaans gezegde luidt: "*Comandare èmeglio di fottere*" ("Regeren is beter dan het zuinig aan te moeten doen"). En toch lijken Italiaanse politici het - erg genoeg - belangrijker te vinden om de ambities van hun rivalen te dwarsbomen dan om zelf te proberen iets blijvends tot stand te brengen.

Helaas (of misschien wel gelukkig) kunnen de Italianen evenals hun Romeinse voorouders rustig en tevreden gehouden worden met 'brood en spelen' en de Italiaanse politici zijn zich daar terdege van bewust. Het is niet toevallig dat de Italiaanse voetbalcompetitie de sterkste in de wereld is. Die competitie waarin 's werelds beste en duurste voetballers acteren is de moderne variant van de vroegere gladiatorenspelen in het Collosseum. De Italianen vinden dit volstrekt normaal en volharden in de misvatting dat het overal ter wereld precies zo toegaat, waarbij ze zich baseren op het aloude gezegde: *"Tutto il mondo è paese"* ("Het is overal ter wereld hetzelfde").

Links of rechts

De benamingen van de politieke partijen in Italië zijn vaak zeer verwarrend geweest. De liberalen zijn nooit erg liberaal geweest, de socialisten nooit socialistisch, de communisten absoluut nooit communistisch en de christendemocraten nooit erg christelijk of democratisch.

De Italianen, vooral degenen die zich links noemen, maken zich enorm druk over wat je als links en rechts moet typeren. In discussies wordt de vraag gesteld in hoeverre karaoke rechts is en of het inhuren van een hulp in de huishouding links is. Deze vraagstukken hebben in elk geval één voordeel: men begint zich geleidelijk aan te realiseren dat de meeste zaken niet in hokjes ondergebracht kunnen worden en dat het eigenlijk allemaal weinig verschil maakt.

Referenda

Van tijd tot tijd wordt de Italianen gevraagd hun stem uit te brengen in een referendum over belangrijke zaken zoals echtscheiding, abortus, kernenergie, het gebruik van pesticiden in de landbouw en het aantal televisiestations dat één enkele Italiaan in bezit mag hebben. Dit geeft hen het gevoel dat ze betrokken worden bij de politieke beleidsvorming.

De uitslag van een referendum is pas geldig als de opkomst minstens 50 % is. Ondanks het toenemend aantal Italianen dat zich zorgen maakt over het steeds kleiner wordende faunabestand, was de opkomst bij een referendum over deze kwestie niet hoger dan 45 %, zodat een nieuwe wetgeving werd geblokkeerd. Aan de andere kant komen de Italianen massaal naar het stemhokje om zich uit te spreken vóór het uitzenden van reclameblokken tijdens tv-programma's en films.

Overheid

De Italianen zijn het erover eens dat langdurige bureaucratische procedures van het hoogste belang zijn, maar natuurlijk alleen als het *gli altri* betreft, niet henzelf. Zonder deze procedures zouden al die andere Italianen zich ongetwijfeld schuldig maken aan misbruik. Bovendien bestaan er zo veel sterke belangenverstrengelingen binnen de Italiaanse overheid dat het niet waarschijnlijk is dat er ooit iets zal veranderen. Enerzijds strijkt de Italiaanse staat hoge inkomsten op omdat bijna alle bureaucratische of wettelijke procedures via de *carta bollata* verlopen (papier met een officieel belastingstempel). Anderzijds voorzien diezelfde procedures honderdduizenden ambtenaren van een goed betaalde baan. Hoe langer de bureaucratische procedures, des te groter het aantal arbeidsplaatsen.

Bovendien zou het zonder die langdurige bureaucratische processen geen zin hebben om ze te ontduiken en zouden duizenden *galoppini* (onofficiële specialisten in het versnellen van bureaucratische procedures) zonder werk komen te zitten.

Er zijn zo veel wetten en ministeriële verordeningen in het Italiaanse systeem (er is uitgerekend dat een Italiaanse burger geacht wordt zo'n 800.000 regels te kennen) en ze zijn zo verschillend, gecompliceerd en vaak zo tegenstrijdig, dat hun uitvoering iedere bureaucratische procedure min of meer kan verlammen. En omdat zelfs de lagere ambtenaren in Italië de bevoegdheid hebben om verzoekschriften in te willigen, af te wijzen of procedures te vertragen worden ze vol respect en be-leefdheid benaderd, vooral als ze een uniform dragen. Op hun beurt vereenzelvigen deze geuniformeerde ambtenaren zich zo met hun functie dat ze verwachten bejegend te worden met het ontzag dat men in Noord-Europa slechts reserveert voor ge-kroonde staatshoofden.

De Italiaanse overheid dient met grote tact tegemoet getre-den te worden. Als je dat niet op de goede manier doet, worden de ambtenaren onbuigzaam en zullen ze weinig of geen moeite doen om je te helpen met je probleem. Als je het op zijn Italiaans aanpakt kunnen ze zeer soepel zijn in het vinden van een oplossing.

Iedere burger weet dat een zaak jaren kan duren als je in con-flict komt met het systeem. Als je bijvoorbeeld de verkeerde ambtenaar beledigt of de juiste *galoppino* passeert. Afhankelijk van hun stemming kunnen ambtenaren het je zeer makkelijk maar ook zeer moeilijk maken. Iemand uit Californië die les gaf aan een Italiaanse universiteit wilde een paar cursussen volgen. Hij ging naar het inschrijvingsbureau van de universiteit om zich aan te melden en kreeg te horen dat hij een kopie nodig had van zijn UCLA-bul met een officiële vertaling van het Italiaanse con-sulaat in Los Angeles. Nadat hij de zomer in Californië had doorgebracht en het vereiste document had opgehaald, keerde hij terug bij het inschrijvingsbureau. "Uitstekend" werd er gezegd, "het enige wat we nu nog nodig hebben is een kopie van uw high-schooldiploma." Zijn tegenwerping dat hij zonder dat diploma onmogelijk tot de universiteit had kunnen worden toe-gelaten was nutteloos. Volgens het inschrijvingsbureau diende hij terug te keren naar Los Angeles om het diploma op te halen en het officieel te laten vertalen door het Italiaanse consulaat aldaar. Uiteindelijk zag hij zich genoodzaakt precies dat te doen wat hij aanvankelijk had willen vermijden. Hij verzocht een oudere collega om hulp zodat hij de officiële kanalen kon omzei-len.

Ambtenaren mogen dan door de Italianen met respect behan-deld worden, dat geldt niet voor openbare gelegenheden of publiek bezit. De Italianen hebben niet het gevoel dat de openbare ruimte van hen is en dus ook niet dat ze er zorgvuldig mee om hoeven gaan. Hun huizen of flats zijn altijd schoon en kraakhelder, maar ze gooien zonder problemen hun rommel op straat. Het schoonhouden van de stad is immers niet hun verantwoordelijkheid, maar die van het gemeentebestuur.

La mafia

Het woord *mafia* wordt over de hele wereld gebruikt. Niet alleen ter aanduiding van criminele organisaties, maar ook van machtsbolwerken. Men spreekt van de sportmafia, de kunstmafia of de zakenmafia, waarbij men altijd het model van de Italiaanse mafia voor ogen heeft.

In Italië verstaat men onder 'mafia' een aantal verschillende groeperingen die elk over een duidelijk afgebakend gebied heersen. De voornaamste zijn de *Camorra* in de streek rond Napels, de *'Ndrangheta* in Calabrië (het puntje van de laars) en *Casa Nostra* op Sicilië, maar hoe ze ook mogen heten, ze behoren allemaal tot de georganiseerde misdaad.

Met al haar lokale afsplitsingen beheerst de mafia al eeuwenlang het leven in Zuid-Italië, of liever, het leven en de dood. De verklaring hiervoor is heel simpel: bij afwezigheid van een herkenbaar of effectief regeringsbeleid was de mafia het enige georganiseerde systeem waar de bevolking een beroep op kon doen wanneer men bijvoorbeeld een werkvergunning nodig had of toestemming om te trouwen.

De meeste Italianen zijn bang voor de mafia, maar tegelijkertijd worden ze erdoor gefascineerd. Ze weten dat de machtige mafia-arm tot op de hoogste niveaus in de politiek en het bedrijfsleven reikt. De mafia is altijd gespecialiseerd geweest in het doen van aanbiedingen die niemand kan weigeren omdat men weet dat alles en iedereen te koop is. De Italianen weten ook dat de *omertà* (de zwijgplicht) zo sterk is dat de mafia zeer waarschijnlijk nooit uitgebannen zal worden. Telkens als één van de mafia-armen wordt afgehakt groeien er als bij een veelkoppig monster meteen nieuwe en nog veel sterkere aan.

Men ziet de mafia als een kankergezwel dat de Italiaanse staat langzaam vernietigt. De Italianen zullen daarmee moeten leven. De mafia is een staat binnen een staat waarmee ze hun land moeten delen zoals ze dat altijd hebben gedaan. En toch hebben ze de stille hoop dat, zoals een goede tijdige behandeling een gezwel kan genezen, vroeg of laat de juiste, tijdig toegepaste aanpak gevonden wordt om de mafia uit te schakelen.

Meestal is de mafia sterk verdeeld en zijn de verschillende families in een onderlinge machtsstrijd verwikkeld die volgens de traditionele methodes wordt uitgevochten. Nog altijd kunnen mannen in donkere pakken met een vioolkist onder de arm een kapperszaak in een achterafstraatje van Palermo binnenstormen om de baas van een rivaliserende clan overhoop te schieten. Gelukkig krijgen de meeste Italianen hier nooit direct mee te maken en gaan hun ervaringen niet verder dan wat ze op televisie zien in de zoveelste boeiende aflevering van *La Piovra* (De Octopus) die inmiddels in zijn zevende reeks bezig is.

ZAKEN DOEN

Het bedrijfsleven in Italië wordt gedomineerd door een paar families zoals Agnelli (auto's), Pirelli (autobanden), De Benedetti (computers), Berlusconi (tv-stations) en Benetton (kleding). Hoewel hun bedrijven eigenlijk enorme concerns zijn met allerlei verschillende dochterondernemingen, worden ze meer geleid als familiebedrijven dan als multinationals. De macht wordt meestal binnen de familie gehouden door te schuiven met aandelenpakketten. In geen enkel ander westers land is sprake van een dergelijke machtsconcentratie.

Het succes van de Italiaanse economie is ook gebaseerd op de deskundigheid, de werklust en de dynamiek binnen het midden- en kleinbedrijf in het noorden. Deze sector draagt voor een belangrijk deel bij aan het bruto nationaal produkt. Meestal zijn het ook familiebedrijven die zo zijn georganiseerd dat er zo min mogelijk belastingen en sociale premies afgedragen hoeven worden. Italië is misschien wel het enige land ter wereld waar werknemers meer lijken te verdienen dan hun werkgevers, althans op grond van hun belastingaangiften. Ook academici en mensen in vrije beroepen zoals accountants, juristen, tandartsen en edelsmeden hebben weinig gewetenswroeging om hoge onkosten op te geven terwijl ze er twee huizen, een renpaard en drie jachten op na houden.

Een baan op z'n Italiaans

Iedere Italiaanse moeder hoopt dat haar kinderen, vooral haar zonen, succes in hun werk zullen hebben (*lo starbene*). Over het algemeen verstaan ze hieronder dat ze een vaste baan vinden en een goede indruk maken achter een groot bureau in een air-conditioned kantoor van een ministerie, een bank of een overheidsinstantie. Hoewel deze banen niet bijzonder goed betaald worden, ontvangen de functionarissen wel een dertiende of zelfs een veertiende maand en hebben ze allerlei voordelen zoals de bijna volledige garantie op werk en de mogelijkheid om vervroegd met pensioen te gaan. Het mooiste is dat het zulke lichte banen zijn dat ze al hun energie vooral aan familiezaken kunnen besteden of aan zaken die hen werkelijk interesseren zoals voetbal, postzegels verzamelen of alleen maar rustig zitten, koffie drinken en stripboeken lezen.

De sfeer op een Italiaans kantoor is vergelijkbaar met het dagelijks leven in Italië. Stijl en gedrag zijn belangrijk en de directie en het personeel behoren de rol te spelen die van hen verwacht wordt. Sinds de invoering van de prikklok wordt er ook wat meer gelet op de punctualiteit.

In het bedrijfsleven kunnen de werktijden zeer lang zijn (van acht tot half acht met een lunchpauze van een half uur). Maar in de overheidssector gaat het heel anders toe. Sommige instanties zijn slechts twee uur per week voor het publiek geopend en andere zijn zelfs helemaal nooit open.

Veel van de officiële vrije dagen, waarvan de Italianen altijd dachten dat het katholieke feestdagen waren, zijn inmiddels afgeschaft zodat het belang van *ponti* ('bruggetjes' bouwen tussen het weekend en een nationale feestdag) alleen maar is toegenomen. Vakanties worden lang van te voren gepland om ze te kunnen combineren met officiële feestdagen.

Dat is ook de reden waarom stakingen in Italië meestal op maandag of vrijdag plaatsvinden. Tijdens stakingen laten de Italianen zich van hun meest gepassioneerde, volhardende en vindingrijke kant zien. De *autostrada* en de treinen zijn overvol, het vuilnis wordt niet opgehaald en er worden hongerstakingen op touw gezet - het hele land bevindt zich op de rand van de chaos. Uiteindelijk wordt er een compromis gevonden terwijl niemand dat voor mogelijk had gehouden. Iedereen eist de overwinning op, niemand schijnt gezichtsverlies geleden te hebben en alles keert terug tot zijn natuurlijk evenwicht. Iedereen heeft genoten van de staking.

Een typerende situatie deed zich voor toen het orkest van La Scala in staking ging op de openingsavond van het seizoen 1995. De dirigent liet een vleugel het podium op rollen en bracht tot groot enthousiasme van het publiek samen met de solisten zonder orkest het hele concert ten gehore.

Raccomandazione

Onder *raccomandazione* verstaat men het doen van 'aanbevelingen', het verlenen van gunsten en het uitdelen van invloedrijke banen. Het speelt een essentiële rol binnen het Italiaanse bedrijfsleven. In het slechtste geval is het een vloek die gezonde ontwikkelingen in de weg staat; in het beste geval is het een netwerk van mensen die elkaar de bal toespelen hetgeen onontkoombaar is in een land waar een begrip als kwaliteit nu eenmaal op geheel eigen wijze wordt gedefinieerd.

Om de verdeling van banen in de overheidssector eerlijk te laten verlopen en in een poging het probleem van de *raccomandazione* in toom te houden, organiseren de Italiaanse autoriteiten *concorsi* (banen-competities). Er worden advertenties gezet en alle kandidaten moeten dan een examen doen om te bepalen wie het meest geschikt is voor de functie. Zolang er niet te veel gegadigden zijn verloopt de procedure redelijk soepel, maar toen er in Lombardije ineens 14.000 mensen tegelijk vuilnisman wilden worden, werd de situatie wat ingewikkelder. De autoriteiten lieten zich hier niet door van de wijs brengen en huurden voor één dag een voetbalstadion af en zetten er schoolbankjes neer.

Het doet er dan niet toe dat de 'aanbevolen' kandidaten de antwoorden waarschijnlijk van te voren al gehoord hadden en dat de overgrote meerderheid spiekte bij het leven. De gang van zaken hoeft niet rechtvaardig te zijn, zolang het maar wel rechtvaardig overkomt.

MISDAAD EN STRAF

Iedere Italiaan vindt zichzelf volmaakt en weet dat *gli altri* dat niet zijn. Vandaar dat de Italiaanse strafwetgeving van het principe uitgaat dat je schuldig bent totdat het tegendeel is bewezen. Statistisch gezien is de kans dat je in Italië gepakt wordt zeer klein en Italiaanse criminelen hebben weinig te vrezen.

De straffen bestaan meestal uit geldboetes, gevangenisstraf of een combinatie van beide. Hoewel de Italiaanse gevangenissen over het algemeen overbevolkt zijn en bepaald geen plezierige oorden zijn om te vertoeven, zijn ze een stuk comfortabeler dan in de Verenigde Staten en sommige Noordeuropese landen. En het is inderdaad waar dat veroordeelde mafiabazen in zeer luxueuze omstandigheden hun straf uitzitten. Regelmatig wordt dat publiekelijk aan de kaak gesteld.

Italianen zijn briljante oplichters die altijd mensen weten te vinden die zo gek zijn hun hele hebben en houden op het spel te zetten om een klapper te maken. Het zijn uitmuntende imitatoren en vervalsers en ze hebben lange tijd de kunsthandel gedomineerd. Het feit dat er geen garantie bestaat dat kunstwerken echt zijn en heel goed gestolen of door een vakman vervalst kunnen zijn, maakt de handel alleen maar spannender. Of een verzamelaar nu op zoek is naar een Romeinse vaas of een beeld van Modigliani, in de illegale Italiaanse kunsthandel vindt hij altijd wat hij zoekt.

Italiaanse politici hebben zelf het voorbeeld gegeven voor corruptie door hoge smeergelden op te strijken voor het regelen van overheidscontracten. De Italianen sloten hier liever de ogen voor totdat de regering op zeker moment de fatale vergissing beging om het spel verkeerd te spelen - waardoor hun aanzien in een klap van *furbo* in *fesso* veranderde.

Politie

Voor iedere situatie bestaat er in Italië een apart politie-onderdeel. Je hebt rijkspolitie, gemeentepolitie, verkeerspolitie, militaire politie, financiële politie, spoorwegpolitie, geheime politie, privé-politie enzovoort.

Van alle politie-onderdelen springen de *carabinieri* het meest in het oog. Ze maken deel uit van het leger en worden zowel voor militaire als politie-activiteiten ingezet. Ondanks het feit dat er zeer hoge toelatingseisen worden gesteld en dat hun officieren tot de besten in het Italiaanse leger gerekend worden, staan ze niet bekend om hun bijzondere intellectuele vaardigheden. Vandaar dat ze een gewild doelwit zijn in Italiaanse moppen.

Tijdens een geanimeerd gesprek in de trein vraagt iemand: "Oh ja, kennen jullie die laatste mop over de carabinieri?" Een heer die tegenover hen zit verstijft zichtbaar en zegt: "Voor u verder gaat, kan ik u er beter op attent maken dat ik generaal van de Carabinieri ben geweest." "Maakt u zich geen zorgen mijnheer, we leggen hem u later wel uit."

De wetgeving

De Italiaanse wetgeving heeft een indrukwekkende traditie en het land kent een enorme variëteit van wonderlijke wetten ter voorkoming van onrecht, ongelijkheid of corruptie. Op papier lijkt het Italiaanse rechtssysteem met al zijn uitgeschreven civiele en strafrechtelijke regels min of meer perfect.

De problemen beginnen met de uitvoering. De Italiaanse wetgeving zou volmaakt zijn als er geen Italianen waren, want die besteden er nauwelijks aandacht aan. Hoewel autogordels bijvoorbeeld verplicht zijn, zijn er maar weinig Italianen die ze werkelijk dragen (in sommige streken van Italië bestaat er zelfs een levendige handel in T-shirts met opgedrukte gordels). Het gebruik van de claxon is officieel verboden in dichtbebouwde woonwijken waar de maximum snelheid 45 km is, maar beide regels worden zowel door het publiek als de politie volledig genegeerd. Toch wil de politie nog wel eens toezien op de naleving ervan, met name wanneer ze een auto zien rijden met een buitenlands kenteken of een nummerbord uit een andere stad.

De Italiaanse overheid heeft grote problemen met het innen van de belastingen, zodat er een hele reeks van wetten bestaat die er voor moeten zorgen dat de regels worden nageleefd. De bonnetjes die je bijvoorbeeld in cafés en restaurants krijgt als bewijs dat je betaald hebt moeten minstens 50 meter overbruggen voordat ze weggegooid mogen worden.

Degenen die werkzaam zijn binnen het Italiaanse rechtssysteem zijn goed opgeleid en te goeder trouw. Rechters hebben een enorme macht gekregen in de hoop dat zij de uitvoering van de wet verbeteren, maar juridische procedures verlopen vaak zeer traag. In het Italiaanse systeem mag je je niet beroepen op onbekendheid met de wet. Wetsovertreders zouden anders nooit bekeurd kunnen worden.

SYSTEMEN

Vergeleken met de onderwijssystemen in andere landen lijken de Italianen met hun systeem de zaken omgedraaid te hebben. In het land van Maria Montessori zijn de beste scholen waarschijnlijk de kleuterscholen, waarna het kwalitatief gezien langzaam bergafwaarts gaat van het basis- en middelbaar onderwijs tot aan het chaotische universiteitssysteem.

Kleine kinderen brengen het grootste deel van de dag op school door, maar als ze ouder worden blijft het onderwijs beperkt tot de ochtenduren. Het hoger middelbaar onderwijs kent specialisaties en de leerlingen volgen allerlei technische, wiskundige en alfa-vakken, afhankelijk van de richting waarvoor ze gekozen hebben.

Het is betrekkelijk eenvoudig om toegelaten te worden tot de universiteit en omdat er maar weinig faculteiten beperkingen kennen bij het aannemen van studenten, zijn de inschrijvingen massaal. De Universiteit van Rome heeft bijvoorbeeld meer dan 150.000 studenten ingeschreven staan. Het gevolg is dat de collegezalen overvol zijn en de faciliteiten ontoereikend. Het feit dat minder dan een kwart van al diegenen die zijn toegelaten tot de universiteit ook daadwerkelijk afstudeert is veelzeggend voor de problemen binnen het onderwijssysteem.

Ondanks de beperkingen van dat systeem zijn veel Italianen goed opgeleid. Ze studeren graag en kunnen uren, weken of maanden boven hun boeken zitten zwoegen. Met de markeerpen in de hand leren ze de kernzinnen en -begrippen uit hun hoofd. Vervolgens krijgen ze een mondeling examen, het *interrogazione*, waarbij ze als een papegaai opdreunen wat ze hebben geleerd. Het wordt niet op prijs gesteld als studenten kritisch commentaar leveren. De verstandigste aanpak is het reproduceren van de opinies en commentaren van de docenten en professoren - een overblijfsel uit de tijd van de contrareformatie toen een verkeerd antwoord je regelrecht naar de brandstapel voerde.

Er bestaat geen limiet aan het aantal keren dat een student examen mag doen en sommigen nemen geen genoegen met hun cijfer als ze dat niet hoog genoeg vinden. De enige voorwaarde om je in te schrijven aan de universiteit is het overmaken van het collegegeld. Vandaar dat velen tot op middelbare leeftijd met hun studie bezig blijven.

Examens worden meestal mondeling afgenomen (misschien omdat er bij schriftelijke examens zoveel gefraudeerd wordt). Italiaanse studenten zijn als de dood dat anderen zullen spieken en dus doen ze het zelf ook maar. Spieken is een min of meer geaccepteerd fenomeen, maar betrapt worden op spieken niet.

Transport

Het openbaar vervoer in Italië is over het algemeen snel en efficiënt, ondanks het moeilijk begaanbare terrein en de overvolle steden. De Italiaanse autostrada's en het spoorwegnet behoren tot de meest indrukwekkende staaltjes van technisch vernuft in Europa. Over de rivieren zijn bruggen aangelegd en door de bergen tunnels gegraven om de verschillende streken van Italië met elkaar te verbinden.

De treinen rijden meestal op tijd zelfs zónder een totalitair regime. Eén van Mussolini's geslaagdere acties, misschien wel de enige die men zich nog altijd van hem herinnert, was dat hij de bevolking wijs wist te maken dat zijn regering de efficiëntie van het openbaar vervoer had verbeterd. Onderzoek heeft naderhand uitgewezen dat er weinig of geen verschil bestond met de periode voor zijn bewind want toen reden de treinen ook al op tijd, evenals trouwens in de periode daarna.

LA LINGUA

Tot het eind van de Tweede Wereldoorlog werd er maar weinig Italiaans gesproken. Het was voornamelijk een taal die geschreven werd, door administratief personeel, ambtenaren, een kleine groep academici en de leden van de toen heersende klasse.

De komst van de televisie heeft grote invloed gehad op de verspreiding van het Italiaans. Tegenwoordig verstaat vrijwel de gehele bevolking Italiaans en kunnen de meeste jongeren het ook spreken.

Een van de vele mooie eigenschappen van de Italiaanse taal is het gemak waarmee de nuances en de betekenis van woorden veranderd kunnen worden. Er zijn talloze, zeer eenvoudige manieren om te spelen met de uitgangen van zelfstandige en bijvoeglijke naamwoorden. Zo kan een schoen (*scarpa*) een muiltje worden (*scarpina*) of een ski- of wandelschoen (*scarpone*), terwijl *scarpetta* betekent dat je je croissant in je koffie doopt.

Een liefde (*amore*) kan een liefje worden (*amoroso*) of een cupidootje (*amorino*) of een minnares (*amante*). Italiaanse mannen die iets opvangen over een bella donna, een knappe vrouw, zullen zich afvragen of ze *bellissima* is (oogverblindend) of alleen maar *bellina* (best leuk). Misschien is ze wel een *bellona* (over haar hoogtepunt heen, maar nog altijd mooi) of *belloccia* (acceptabel). Is het een overheersende *donnona* of een frêle *donnina*? Of een onbenullige *donnetta* of misschien wel een *donnaccia* voor wie je moet betalen? De enige manier voor de Latin lover om hier achter te komen is het ondernemen van een veroveringspoging, tenzij hij een *donnicciola* is -iemand die te bang is om iets te proberen.

Het Italiaans heeft de wereld een groot aantal muziektermen gegeven: *pianoforte*, *sonata*, *aria*, *primadonna*, *concerto*, *adagio*, *pizzicato*, *pianissimo*, *soprano*, *maestro*, *virtuoso* en *castrato*. En over de hele wereld serveert men in restaurants *pasta*, *pizza*, *mozzarella*, *zabaglione*, *grissini*, *cappuccino*, *amaretto* en *sambuca*.

Op hun beurt hebben de Italianen maar al te graag Engels-Amerikaanse woorden overgenomen en in hun taal verwerkt: *lifting* (facelift), *telemarketing*, *cliccare sul mouse* (op de muis klikken) of *lo zapping* (de tv-kanalen langsgaan). Ze gebruiken ook Engelse woorden die Engelstaligen nauwelijks zouden herkennen: '*Dribbling*', is de titel van een programma op de zondagavond waarin de hoogtepunten van de voetbalwedstrijden van die dag te zien zijn. Er zitten meestal interviews in met voetbalsterren die hun trainer steevast '*il Mister*' noemen.

Dialecten

Maar als ze thuis in hun dorp zijn spreken de Italianen de lokale dialecten of talen die voor *gli altri* uit andere streken zo goed als onverstaanbaar zijn. In 1992 stelde het Europees parlement vast dat dertien van de 28 minderheidstalen binnen de EU in Italië gesproken werden. Er zijn Franstalige Italianen in de Aostavallei, Duitstalige Italianen in de Alto Adige, Sloveens- en Servo-Kroatischtalige Italianen in Triëst en Albanees- en Griekstalige Italianen in Puglia, terwijl er op Sardinië Cata018laanstalige Italianen wonen.

De meeste streken hebben ook nog hun eigen lokale dialect dat grammaticaal en lexicaal sterk afwijkt van het Italiaans. Zestig procent van de Italianen spreekt een dialect en veertien procent niets anders dan een dialect. Een man die afkomstig is uit het zuidelijk deel van Puglia en al twintig jaar in Piëmonte woont, heeft een Piëmontese buurman die hem elke ochtend groet als hij naar zijn werk gaat. De man uit Puglia spreekt Italiaans en de man uit Piëmonte verstaat hem. Maar omdat de man uit Piëmonte geen Italiaans spreekt en de man uit Puglia niet de moeite neemt om Piëmontees te leren, zal er nooit een dialoog ontstaan.

DE AUTEUR

Martin Solly groeide op in Engeland en werd voor het eerst verliefd op Italië toen hij als student met zijn *amici* logeerde in een prachtig landhuis met zwembad. Het Toscaanse landschap met zijn rode gloed, de cultuur van de Renaissance, de *Chianti* en de overheerlijke *tortellini* en *zucchini* deden hem inzien dat de Italianen de ware levenskunstenaars zijn.

Nadat hij gewerkt had op boerderijen, in cafés, restaurants, boekwinkels en in het onderwijs, vestigde hij zich in Piëmonte met het vaste voornemen zich grondig te verdiepen in alles wat met het land te maken had.

Hij kon niet voorzien dat daarin ook een rol was weggelegd voor een aantrekkelijk Piëmontees meisje en met voorbijgaan aan het oude Italiaanse gezegd *"Moglie e buoi dei paesi tuoi"* ("Graas nooit buiten je eigen wei") trad hij met haar in het huwelijk. Tegenwoordig wonen ze met hun twee Engels-Italiaanse dochters in Turijn.

Scolly heeft een tiental boeken over Engelse taal en letterkunde op zijn naam staan. Hij doceert aan de Universiteit van Turijn, weigert zelfs bij koud weer een vest te dragen, maar rijdt wèl rond in een Alfa-Romeo.